아주 보통의 기적

‘뚝딱이’는 2025년 한동대에 입학한
‘세워가는 세대(Kingdom Builders)’,
신입생을 이르는 말이다

추천사

한동대 최도성 총장

우리는 인공지능(AI)이라는 거대한 문명사적 전환기 속에 서 있습니다. AI가 거의 모든 질문에 정답을 제시하는 시대에, 대학 교육은 정답을 빠르게 맞히는 사람보다 '질문'을 제대로 던지고, 새로운 가치를 창출 할 수 있는 인간을 양육해야 합니다. 교육은 기술의 효율성보다 하나님이 주신 인간다움의 본질을 회복하는 방향으로 나아가야 합니다.

한동대학교가 이 시대에 제시하는 근본적인 교육 방향은 '전인지능(HI: Holistic Intelligence)'입니다. HI는 AI가 절대로 넘볼 수 없는, 하나님의 형상을 가진 인간만이 가지는 지능 또는 역량이며, 지성, 인성, 영성을 아우릅니다. 전인지능 교육이 묻는 것은 '무엇을 할 것인가'를 넘어 하나님께서 원하시는 '어떤 사람이 될 것인가'입니다. AI는 기술과 지식, 계산을 수행하지만, 도덕, 책임, 공감, 삶의 의미를 묻는 능력은 대신할 수 없기 때문입니다.

심규진 교수님이 한동대학교 학생들과 함께 엮어낸 이 책, 『아주 보통의 기적』은 AI 시대에 인간이 회복해야 할 본질적인 질문과 대답을 담고 있습니다. 이 책은 화려하거나 극적이지 않은, 스무 살 청년들의 가장 솔직한 내면을 만나는 이야기이자, 우리 모두의 이야기입니다. 이들의 글은 '자기 이해', '세상 이해', 그리고 궁극적으로 '하나님 이해'로 향합니다. 이 책의 제목처럼, 우리가 평소 간과하기 쉬운 일상적이고 보통의 순간들이야말로 우리 삶의 진짜 의미를 담고 있다는 역설적인 진리를 보여줍니다.

심규진 교수님의 시도는 지식 습득을 넘어 학생들의 도덕적 역량을 회복하는 데 중점을 둡니다. 교수의 권위를 내려놓고 학생들의 이야기에 귀 기울이는 과정을 통해, 아이들은 정직과 성실의 가치를 배우고 사회의 신뢰를 지키도록 이끌립니다. 나아가 배움을 나 자신의 안위가 아닌 타인과 공동체를 위해 사용하도록 방향을 제시하는 '공부해서 남 주자'의 정신, 곧 전인지능의 핵심인 공헌지능을 체득하게 됩니다.

AI가 아무리 발전해도 사람의 고통을 대신 짊어주지 못하며, 세상의 어둠을 향해 손을 내밀어줄 수 있는 것은 언제나 사람입니다. 진정한 교육은 '나의 성공'이 아닌 '이웃과 공동체를 향한 헌신'에서 완성됩니다.

이 책이 독자 여러분의 삶에, 세상의 유행이 아닌 섬김과 사랑, 정의라는 중요한 가치를 중심에 두도록 이끌기를 소망합니다. 일상이 기적이 되기를 원하시는 모든 분들이 꼭 한 번 읽으시기를 바랍니다.

추천사

한동대 박은조 교목실장

『아주 보통의 기적』을 읽으면서, 필자들이 살면서 경험한 외로움, 결핍, 아픔 그리고 아름다움, 평안함 등을 함께 느낄 수 있었습니다. 그리고 "일상의 기적을 위한 어전회의"라는 단어가 마음속에 떠올랐습니다. 매일을 나 혼자의 힘으로 살면, 험난한 세상에서 평강을 누리며 살기 어렵습니다. 그래서 우리는 낙심하게 되고, 슬퍼하게 됩니다. 그러나 하나님의 은혜로 산다는 사실을 깨달으면, 날마다 기쁨을 누리며 살 수 있습니다.

하나님의 은혜를 누리며, 일상의 기적을 경험하는 통로가 "어전회의"라고 생각되어, 글을 읽으면서 계속 이 단어가 생각난 것이 아닌가 싶습니다. 하나님께서는 예레미야 선지자에게 그리고 우리에게 "누가 여호와의 회의에 참여하여 그 말을 알아들었으며, 누가 귀를 기울여 그 말을 들었느냐?"고 물으셨고 지금도 물으십니다(렘 23:18). 거짓 선지자는 자기 마음의 생각을 따라 말하는 자라고 지적하십니다(렘 23:16). 하나님이 주신 말씀이 아닌, 자기 생각, 다른 생각을 가지고 하나님의 말씀이라고 거짓말까지 하는 자들이라고 지적하십니다(렘 23:25-28).

오늘의 참 성도는 어떤 사람일까요? 하나님이 생각하게 하는 것을 생각하는 사람, 하나님이 느끼게 하는 것을 느끼는 사람, 하나님이 보여주신 길을 걷는 사람, 하나님이 주시는 평강을 누리며 사는 사람이라고 생각합니다. 『보통의 기적』은 그런 삶의 길을 가는 사람들이 누리는 하나님의 선물이라고 생각합니다. 굳이 하나님이라는 단어를 쓰지 않더라도 "옆구리 터진 김밥이라도 괜찮아"를 비롯한 모든 글에서 하나님의 마음, 하나님의 격려, 하나님의 일하심이 느껴졌습니다. 하나님이 우리의 삶속에서 행하시는 보통의 기적이 여러분에게 날마다 일어나면 참 좋겠습니다. 이 글을 읽는 모든 사람의 삶속에서 일어나면 참 좋겠습니다. 그 하나님을 드러내는 삶과 글이 더 많아지면 정말 좋겠습니다.

추천사

남보라 배우

오늘 우리는 끝없이 흘러넘치는 콘텐츠 속에 살아갑니다. 스스로의 내면을 들여다보기보다, 외부에서 쏟아지는 자극과 비교 속에서 자아를 규정해버리기 쉬운 시대입니다. 그런 시대에 『아주 보통의 기적』은 잠시 멈춰 서서 "나는 누구인가?"라는 오래된 질문으로 돌아가게 만드는 책입니다.

'자기 이해', '세상 이해', '하나님 이해'라는 근원적인 질문들을 통해 청년들이 이미 지니고 있는 내면의 목소리를 천천히 세상 앞에 던져보게 하고 그 과정에서 드러나는 솔직한 고민과 사유는 이 시대 어떤 콘텐츠보다 강렬하며, 어떤 조언보다 깊은 진실성을 품고 있을 것을 믿어 의심치 않습니다.

짧지만 강렬한 질문에 서둘러 답을 내리기보다, 일상의

작은 순간들을 통해 우리가 어떻게 성장하고 변화하는지 차분히 깨닫는 시간. 이 책은 그런 '보통의 순간들'이 모여 결국 인생을 바꾸는 기적이 될 수 있음을 조용하지만 단단한 목소리로 일깨워줍니다. 그리고 책을 읽는 독자는 어느덧 스스로에게 묻게 될 것입니다. '나는 나를 이해하고 있는가?' '나는 이 세상을 어떻게 바라보고 있는가?' '하나님과의 관계 속에서 나의 시간은 어디를 향하고 있는가?'

『아주 보통의 기적』은 청년들에게는 앞으로의 삶을 비추는 등불이 되고, 이미 스무 살을 지나온 이들에게는 자신을 돌아보는 귀한 거울이 될 것입니다.

이 책이 당신의 시간 속에서, 아주 사소한 보통의 순간 하나가 기적처럼 빛나는 경험으로 이어지기를 바라며, 기꺼이 이 아름다운 여정을 추천합니다.

프롤로그

아주 보통의 기적들이 모여 만드는 빛

모교인 한동대학교 강단에 선지 딱 11개월이 지났다. 강의실을 가득 채운 후배들의 눈빛에서 나는 설렘과 두려움, 기대와 불안이 뒤섞인 복잡한 감정을 읽는다. 갓 스무 살이 된 청년들. 그들은 아직 자신이 누구인지, 이 세상이 어떤 곳인지, 그리고 자신의 삶이 어떤 의미를 가질 수 있는지 명확히 알지 못한다. 사실 그것은 비단 그들만의 문제가 아니다. 교수인 나 마저도 여전히 그 질문들과 씨름하고 있으니말이다.

이 책『아주 보통의 기적』은 그런 질문들 앞에 선 우리 모두의 이야기이다. 화려하지도, 극적이지도 않은, 그저 '아주 보통의' 순간들. 하지만 그 순간들이 모여 한 사람의 인생을 만들고, 그 인생들이 모여 이 시대를 만들 것이다. 우리는 종종 위대한 이야기, 성공한 사람들의 서사에만 주목하지만,

실은 평범한 일상 속에서 겪는 작은 깨달음들이야말로 우리 삶을 실질적으로 변화시키는 힘이 된다고 나는 믿는다.

엽편소설인 이 책의 기획 의도는 세 가지이다. 첫째, '자기 이해'이다. 우리는 자신에 대해 잘 알고있을까? 나는 무엇을 좋아하고, 무엇을 두려워하며, 어떤 가치를 중요하게 여기는 사람일까? 스무 살의 청년들에게 이것은 단순한 질문이 아니다. 그것은 앞으로의 모든 선택을 좌우할 나침반을 찾는 일이라고 생각한다. 둘째, '세상 이해'이다. 우리가 살아가는 이 시대는 어떤 곳인가? 경쟁과 효율, 성과와 스펙으로 점철된 이 사회에서 우리는 어떻게 균형을 잡고 살아갈 수 있을까? 타인의 고통에 공감하고, 불의에 저항하며, 연대의 가치를 발견하는 일은 여전히 가능한 것일까? 셋째, '하나님 이해'이다. 신앙을 가진 우리에게 이 질문은 실존적 물음이다. 고통 앞에서, 선택의 기로에서, 실패와 좌절 속에서 하나님은 어떤 의미로 우리와 함께하시는지 우리는 매일 묵상해야 한다.

학생들과 함께 엽편소설을 함께 써보기로 한 것은 내가 일방적으로 가르치기보다는 함께 배우고 찾아가고 싶었기 때문이다. 교수의 권위를 내려놓고, 한 사람의 인간으로서 그들의 이야기에 귀 기울이고 싶었기 때문이다. 놀랍게도 학생들은 내가 예상했던 것보다 훨씬 더 깊이 있는 성찰을 보여주었고, 심지어 깨달음까지 안겨주었다. 그들의 글 속에는 이 시대 청년들의 솔직한 고민과 아픔, 그럼에도 불구하고 포기하지 않는 희망이 담겨 있었다. 이를 통해 스스로를 찾아가고 세상을 이해하는 시간이 되었으리라고 믿어 의심치 않는다.

이 책의 제목『아주 보통의 기적』에는 역설이 숨어 있다. 보통의 것들이 사실은 가장 특별하다는 것. 일상적인 순간들이야말로 우리 삶의 진짜 의미를 담고 있다는 것. 그리고 그 기억들을 글로 써내려가는 행위 자체가 자기 발견의 여정이 된다는 것이다. 이 책을 펼치는 순간 당신은 스무 살 청년들의 가장 솔직한 내면을 만나게 될 것이다. 그들의 이야기는 곧 우리 모두의 이야기이다. 나이와 세대를 뛰어넘어 우리는 모두 자신을 찾고, 세상을 이해하고, 더 큰 의미를 향해 나아가려는 순례자들이니까. 이 책이 그 여정에 작은 동행이 되기를 소망한다.

한동대학교 현동홀 연구실에서, 추운 겨울을 맞이하며

심규진 교수

목차

* 저자 각자의 문체와 스타일을 그대로 담아냈습니다.

내게 능력 주시는 자 안에서

내가 모든 것을 할 수 있느니라

-빌립보서 4장 13절-

강민지 편

미국 블루베리 베이글

나는 보즈먼이라는 미국의 시골에 살았었다.

한국에서 잘 보지 못했던 눈을 보즈먼에서 살면서 많이 보고, 여름이면 푸르른 잔디 밭에서 친구들과 뛰어놀곤 했다.

우리 초등학교에는 점심 도시락을 항상 싸서 다녔다.

엄마가 어느 날에는 볶음밥,

또 다른 날에는 월남쌈,

또 어느 날에는 김밥

등 다양한 음식을 싸주셨다.

그 많은 음식들 중 가장 기억에 남는 도시락 음식은 바로 블루베리 베이글이었다.

"딩동댕동"

우리는 벨이 울리자마자 런치박스를 들고 강당으로 향했다.

나는 항상 친구들과 자리에 앉아서 재미있는 이야기를 하면서 도시락을 열었다.

다 식은 베이글을 조금씩 먹고 있었다.

먹는 도중에 내 앞에 앉아있던 친구가 갑자기

"이 옆에 남자아이 Jaron이 너를 좋아한대"

Jaron은 나를 지그시 바라보고 웃고 있었다.

나는 너무 당황스러워서 이 상황이 그냥 지나가기를 바랐다.

다시 블루베리 베이글을 먹으니 돌처럼 딱딱해졌지만 그날의 공기만큼은 따듯했다.

나는 한국으로 돌아왔을 때도 블루베리 베이글만 보면 그가 떠오른다.

이것은 한 편의 나의 행복한

초등학교 에피소드일 뿐이다.

버스가 멈추자, 아무도 내리지 않았다

"302번 버스가 곧 정류장에 도착합니다."

해가 뜨고, 그는 항상 가는 회사로 갑니다.

항상 같은 시간, 오전 8시 24분 같은 자리, 내리는 곳 바로 뒷자리 항상 같은 사람들과 버스를 탑니다.

이제는 너무 익숙해져서 사람들과 인사를 하지도 않습니다.

끽…

잘 달리고 있었던 버스가 멈췄습니다.

그것도 시골 한가운데서 안내 방송도 없고 정적이 흐릅니다.

창밖으로 보이는 노란 벼, 따뜻하게 들어오는 햇살

모두가 휴대폰을 보고 있던 순간,

한 노인의 목소리가 들렸습니다.

"어 저기는 내가 어렸을 때 놀던 곳인데, 이렇게 멈춰서 보니 좋구나!"

모두가 폰을 내려두고 창밖을 바라봤습니다.

그때 그는 세상에서 느끼지 못했던 따뜻한 감정을 느꼈습니다.

갑자기 멈춘 버스 안에서 아무런 불평을 하지 않고 한 사람의 이야기를 들으니 따뜻함을 느꼈다고 합니다.

은과 금은 내게 없거니와 내게 있는 이것을 네게 주노니

나사렛 예수 그리스도의 이름으로 일어나 걸으라

-사도행전 3장 6절-

강연호 편

단무지

나는 단무지다.

나는 우리 동네 할인마트 채소 코너 옆쪽 냉장식품을 판매하는 곳에 살고 있다. 나는 길쭉한 단무지다. 우리 옆집에는 동그란 단무지 친구들이 살고 있다. 옆집 동그란 단무지 친구는 쉴 새 없이 바뀌곤 한다. 하지만 우리는 어떠한 시기가 와야만 집을 떠나 새로운 집으로 이사를 간다. 나를 데리고 가는 주인들 옆에 조그마한 아기들이 한껏 상기되고 기대된 얼굴로 도시락이라는 이야기를 하는 걸 보면 그건 아마 인간들의 소풍 날인 것 같다. 옆집 단무지 친구들은 떠날 때 행복해 보인다. 하지만 나는 나의 집, 마트를 떠나고 싶지 않다. 무섭다. 여기를 떠나면 나는 이 세상에 존재하지 않게 될 것이라는 걸 누구보다 더 잘 알기 때문이다. 이 두려움은 나를 더 깊숙한 곳으로 밀어 넣는다.

하지만 시간은 야속하게 흐르고 깊숙한 곳에 나를 밀어 넣은 것이 무색하게 나의 차례가 다가왔다. 나는 한 아주머니의 손에 들려 나의 안식처인 마트를 떠나 한 번도 가보지 않은 곳으로 향했다. 누군가에겐 포근한 집이겠지만 나에게는 때를 알지 못하는 죽음을 맞이할, 그저 언제 죽을지 모르는 곳일 뿐이었다. 넓은 마트의 냉장고를 떠나 좁고 더욱 차갑게 느껴지는 이 냉장고가 나의 마지막 집이 되었다.

우울한 상태로 며칠이 지났는지 모르겠다. 모든 것을 외면한 나에게 누군가 말을 걸어왔다. 본인을 햄이라고 소개하며 이런 저런 말들을 늘어놓았다. 본인은 얼른 인간들의 밥상에 올라가고 싶단다. 이해가 가지 않았다. 그 어떠한 말을 해도 무기력하고 우울한 나를 보더니 그는 이렇게 말했다. 자신은 인간들의 행복이라고. 내가 누군가의 행복이 되는 것이라면 죽는 게 두렵지 않다는 것이 그의 주장이었다. 그의 말을 듣고 보니 그런 것 같기도 하다. 처음부터 당연하게 생각할 수는 없겠지만 찬찬히 사유해보며 생각의 반환점을 돈다. 마음을 고쳐먹는다. 나의 희생으로 누군가의 행복을 빌어줄 수 있다면 그것 또한 나의 행복일지도 모른다는 결론을 내린다.

소풍 날이 다가왔다. 나는 얌전히 기다렸으며 따듯하고 포근한 밥 위에 누웠다. 햄도 만났다. 우리는 서로를 껴안으며 미소 짓는다. 눈을 감는다. 나는 누군가의 행복을 위해 사라진다.

내가 네게 명령한 것이 아니냐
강하고 담대하라 두려워하지 말며
놀라지 말라 네가 어디로 가든지 네 하나님 여호와가
너와 함께 하느니라 하시니라
- 여호수아 1장 9절 -

김다정 편

닭칼국수 한 그릇 하실래요?

처음 내가 이 식당에 들어왔을 때, 나는 외국에서 일을 찾기 위해 찾아온 사람이었기에 모든 것이 낯설게만 느껴졌다. 아무도 의지할 곳이 없었고, 언어도 낯설었다. 하지만 이런 나의 외롭고 쓸쓸한 내면을 채워주는 것은 닭칼국수의 따뜻한 국물이었다. 비록 고향의 맛과는 전혀 다른 맛이었지만. 끊임없이 나오는 면발과 국수의 진한 향이 나의 코를 감싸듯 마음속 빈자리 또한 진하게 감싸는 듯했다. 모든 그릇을 비우고 나면, 고향의 가족들을 마주 보는 듯 온몸에 편안함과 온기가 돌았다. 이런 닭칼국수를 파는 식당에서 서빙하는 나는 참 행운이라고 생각한다. 아침 일찍 식탁을 닦고, 식탁 아래의 수저와 젓가락을 정리하고, 통 안에 휴지가 있는지 확인한다. 이 모든 기본 세팅을 끝내고 아침 일찍 오픈해 멍하니 앉아 있으면, 손님들의 떠들썩한 소리가 나를 맞이한다.

“저기 아줌마! 저희 만두 3판, 그리고 닭칼국수 6개 시킬게요”

“네! 만두 3판, 그리고 닭칼국수 6개요~” 손님들을 반갑게 맞으며 주문을 받고 서빙.

하다 보면 내 하루의 절반이 훌쩍 지나간다. 모든 주문과 서빙, 그리고 닦는 일들이 끝나고 가게의 통유리창을 바라보고 있자면, 어두컴컴한 하늘이 창을 가득 메운다. 상을 닦고 오늘의 수익에 오류는 없는지 계산하는 순간, 어제와 똑같이 오늘 하루도 열심히 일했다는 사실이 느껴진다. 아무래도 닭칼국수는 구수한 냄새가 일품인 것 같다. 집으로 돌아가는 길 몸에 밴 닭칼국수의 향기는 열심히 일했다는 나의 채취와도 비슷하다. 손님들도 닭칼국수 냄새를 몸에 밴 채 각자의 길로 걸어가듯, 나는 오늘의 하루를 정리하며 닭칼국수와 함께 집으로 돌아간다. 내일도 똑같은 닭칼국수의 향기를 맡으며 살아가겠지만, 기대가 되는 내일들이 나를 반긴다. 아, 그리고 오늘 아주 작은 에피소드가 있었다. 식당 근처 대학교의 여학생 3명의 메뉴를 다 전달하지 못했던 사건이다. 만두는 한 판에 8개의 물만두가 들어있는데, 매일매일 만두의 촉촉함과 쫄깃함은 조금씩 다르다. 그날은 유난히 만두가 덜 촉촉하고 쫄깃했던 날이었다. 대학생들은 닭이 들어있는 닭칼국수 2개와 그냥 칼국수 그리고 만두 2판을 시켰다. 그냥 닭칼국수도 양이 꽤 많은데 만두까지 2판이라니. 나는 그런 사실을 깜빡하고 말았다. 결국 만두 한 판을 전달하지 못한 여학생들은 나를 쑥스럽게 바라보며,

"사장님~! 저희 만두 한 판 더 시켰는데, 받질 못했어요." 라며 나를 사장님이라고 불렀다.

나는 그저 직원일 뿐인데, 나보고 사장님이라니. 이렇게 나를 존중해주는 것일까? 한편으로 당황스럽기도 했지만, 닭칼국수에 대한 나의 자부심 또한 더욱 커졌다. 마치 내가 나의 요리를 직접 서빙하는 것과 같은 느낌도 들었다. 제시간에 전달하지 못한 나의 실수에 대한 책임감이 커졌다.

#나에게 닭칼국수란 무엇을 의미하는가?

비가 억수로 내리던 날, 어두컴컴한 야외 속 가게를 환히 비추는 불빛이 들어왔다. 얼마 지나지 않아 4인 가족이 식당 안으로 들어왔다. 그들은 우산을 접고, 옷에 묻은 물기와 신발을 털며 마감 시간 직전, 빈 의자에 앉았다.

"콜록. 콜록."

날도 제법 추운 가을이라 가족 중 한 아이가 기침을 심하게 했다. 그 순간 나는 한국에 처음 오고 감기에 걸렸을 때가 떠올랐다. 한국에 처음 왔던 해, 이렇게 추워질 줄 몰랐던 나는 한국 사람들이 흔히 입는 패딩 점퍼 하나 없이 닭칼국수 가게로 평소와 같이 출근했다. 결국 바람이 몸에 스치기만 해도 시리고 따갑고, 온몸에 열이 나는 몸살감기에 걸리게 되었다. 그전까지는 타국에서 잘 지내고 괜찮았다. 아니 괜찮은 줄만 알았다. 하지만 깨닫게 되었다. 참을 수도, 억누를 수도 없이 고향에 있는 가족들이 하나둘씩 떠오르기 시작했다. 편두통으로 머리가 지끈거렸고, 온몸이 뜨거워져도 인내하며 참아내야 했던 홀로 타국에 서 있는 나. 지금 너무나도 그들이 필요했다. 눈앞은 점점 흐려졌고, 하염없이 눈물이 볼을 타고 흘러내렸다. 한참을 울고 있을 때, 그런 나를 보시던 사장님이 다가오셨다.

"00아, 닭칼국수 먹자."

사장님의 부드럽고 인자한 웃음, 그리고 따듯한 아버지 같은 말투가 나를 일으켜 세웠다. 따끈따끈하게 끓여진 고소한 닭칼국수가 내 눈앞에 연기를 내뿜으며 마주하고 있었다. 몸살감기도 잊은 채 나는 닭칼국수를 먹기 시작했다. 처음 그 한 숟가락의 국물은 나의 온몸을 적셨으며, 그 다음 한 숟가락의 국물은 나의 눈을 적셨다. 또 다음 한 숟가락의 국물은 나의 마음을 적셨다. 정말로 고향의 맛과는 전혀 달랐던 닭칼국수에서 고향의 맛이 느껴졌다. 사장님도 아셨을까? 나는 한 그릇을 맛있게 비우고는 사장님이 주신 약을 먹고 일찍 집으로 돌아가 단잠을 잤다.

내가 이 땅 한국에 다시 온 이유를 찬찬히 고민해 본다. 실수들, 그리움들, 내면의 성장, 사람들을 바라보는 시선. 이 모든 것들이 나를 지나쳐온다. 이런 것들이 나의 영양분이 되어 다시 고향으로 돌아갈 때 어떤 모습이 되어있을까 생각해 본다. 같이 일하는 사람들은 모두 각자의 목적을 위해 살아간다. 다들 하루를 열심히 살아가며, 그 목표를 향해 달려 나간다. 누군가는 고향에 있는 가족을 위해, 누군가는 자신의 꿈을 향해. 그저 아무 계획 없이 돈을 버는 사람은 단 한 명도 없었다. 모두가 목적과 사명이 있는 사람들이다. 우리는 서로 다른 이유로 같은 공간에 모여 하루를 함께 살아간다. 때로는 실수를 하기도 한다. 식당에서 실수했을 때는 정말 어쩔 줄 몰라 하고 창피했지만, 한참을 달려 결국 도착한 목표의 정상에서 돌아보면, 그런 순간들조차 나의 이야기가 되고 아름다운 추억이 된다.

나는 오늘도 닭칼국수 한 그릇을 먹는다.

당신은 누구인가?

시간을 잡고 싶어도 잡을 수 없다. 눈에 보이는 것은 보이지 않는 시간을 시각화한 시계뿐이다. 지금도 수많은 1초의 내가 과거로 흘러가고 있다.

"똑딱. 똑딱. 똑딱."

사람들은 한 시간에 매여 산다. 딱 그 순간, 그 시간에 살고 있다. 시간에 몸을 맡겨 바다의 파도와 같이 살고 있다. 나는 청년 시절, 1초가 너무나도 크게 느껴졌다. 내가 투자했던 시간들이 단 1초로 압축되어 평가되는 것 같이 느껴졌고, 사회에 나가서 너무나도 바쁘게 일과 야근을 하며 살아갔다. 결국 정년퇴직을 하게 되었지만, 그 속에서 많은 사람을 만나며 자신을 성장시켜 왔고, 많은 경험을 해보며 인생을 풍부하게 만들었다. 나는 지금 정년퇴직 이후 아파트 경비원으로 일하고 있다.

#나는 경비원이다

지금 아파트에서는 새벽 5시에 일어나, 아파트 한 바퀴를 순찰하며 하루를 시작한다. 조용한 시간대라 몇몇 자동차 시동 소리를 제외하면 고요하다. 나의 앞길을 밝히는 랜턴을 손에 잡고 한 걸음 또 한 걸음 내딛다 보면 아침이 되고, 온 세상이 밝아진다. 그후 경비원 사무실에 들어가 관리 업무를 하고, CCTV를 모니터링하며 외부인 출입 관리를 한다. 그리고 점심시간에 아내가 싸준 맛있는 도시락을 먹으며 동료와 가끔씩 시시콜콜한 인생 얘기를 나눈다. 지금이 딱 바로 그 시간이다.

"행님. 그 제가 말이죠. 제가 청년 시절에는 그래도 한 미모 했어요."

내가 아끼는 동료 김씨가 장난스럽게 나에게 말했다.

"에잇! 그것이 무슨 말이야. 지금 이 나이에도 그 미모는 그래도 괜찮은 것이지!"

인생의 세월 흔적이 얼굴과 온몸에 새겨진 김씨를 가만히 바라보며 미소를 짓는다. 그의 인생을 바라보며 미소 짓는다. 나는 김씨의 장난을 받아치고, 일주일 전 밤에 겪었던 황당한 주민 에피소드를 김씨에게 자세히 설명해주었다.

때는 어두컴컴한 밤 10시, 아파트를 순찰하던 중이었다. 가을에서 겨울로 넘어가는 시기였기에 입에서는 입김이 나왔고 랜턴을 쥔 손은 얼음같이 차가워졌다. 주차장 쪽을 순찰하던 중, 나는 깜짝 놀라 순간 온몸에 소름이 돋았다. 차를 주차하는 구간에 사람이 대자로 뻗어 있었던 것이었다. 나는 즉시 그 사람에게 달려가 흔들었다. 술 냄새가 독하게 풍겼고, 그 사람은 술에 많이 취한 듯 차가운 주차 공간에 누워 있었다. 날이 충분히 어두웠기에, 만약 자동차가 그 자리를 자세히 보지 않았다면 어떤 일이 벌어졌을지 모를 일이었다. 입주민의 안전을 위해 나는 그 주민을 일으켜 세웠다.

"저기, 일어나세요! 여기서 주무시면 안 돼요. 몇 동 몇 호신가요?"

그 주민은 비틀거리며 일어나 나를 확 밀치고 큰 소리로 욕을 하며 집으로 돌아갔다.

“아, 내가 그 사건 이후로 항상 어두컴컴한 주차 공간에 혹시나 누가 누워있진 않을까 확인하는 습관이 생긴 것 같네. 그리고 더욱 기억에 남는 것은 오늘 아침에 그 주민을 보았는데, 차 안에서 열심히 전화를 하며 정장을 입고 멀끔하게 출근하고 있었지 뭐야.”

이 얘기를 들은 김씨는 나에게 젊었을 적 자신도 지금과는 다르게 경비원에게 그렇게 행동하진 않았을까 되돌아보게 된다며 씁쓸한 미소로 말해주었다. 그렇게 김씨와 함께 점심을 먹고, 분리수거와 아파트 주변 청소를 위해 아파트 한 바퀴를 순찰했다. 순찰하며 수많은 생각들이 나의 발걸음을 늦추었다.

‘나는 어떤 삶을 살았고 또 살고 있을까?’

‘바쁘게 일하던 시절, 아파트 경비원 같은 사람들을 어떻게 대했을까?’

내가 직접 경비원 일을 하고 있고, 그런 생각을 하니 다시 청춘으로 돌아간 느낌이었다. 느낌이 이상했다. 한참 그러한 생각에 잠겨 있을 때, 새벽에 네모난 불법 주차 노란 딱지 스티커를 붙였던 소형 자동차 앞에 서 있는 사람이 눈에 들어왔다. 자동차 주인이 스티커를 정성스럽고 조심스럽게 떼며 화난 말투로 말했다.

"아, 이게 뭐야! 지금 빨리 나가야 하는데!"

나는 그 순간 재빨리 몸을 벽 뒤로 숨겼다.

"못 봤겠지?"

내 심장은 두근두근 뛰었다. 나는 내 손에 붙잡고 있던 빗자루를 가슴으로 당기고 숨죽여 그 사람의 동태를 살폈다. 다행히 그 주민은 나를 보지 못하고 차를 타고 나갔다. 그 후 분리수거를 하며 열심히 일했다. 종이박스의 테이프를 제거하고, 플라스틱병의 비닐을 하나씩 떼어냈다. 그때, 항상 나에게 인사하는 주민이 쓰레기를 버리러 나왔다. 오늘도 어김없이 나에게

"수고 많으십니다."라며 밝은 미소를 지었다.

그 주민은 자신이 일하는 회사의 음료라며 영양 음료를 주고, 때로는 햄버거도 사준다. 그런 작지만 큰 선물을 받을

때면, 내가 일하는 아파트에서 그런 좋은 사람을 만날 수 있음에 감사한 마음이 든다. 내가 지나다닐 때, 아파트 밖으로 나가는 차 안에서 아무도 나에게 인사를 하지 않는다. 하지만 그 주민은 자동차 유리창을 내리고 항상 인사한다. 나는 처음엔 무엇을 물어보려고 하나보다 하고, 귀를 기울여 들으려고 했는데, 돌아오는 것은 인사여서 당황한 적도 있다.

반면, 늘 거칠게 다가오는 사람이 있다. 폭행, 폭언, 모욕 등등. 그럴 때면 '함께 산다는 것은 무엇일까?'라는 질문들이 머릿속에서 외친다. 가끔씩 살아왔던 모든 시간들이 한순간에 평가된다는 느낌을 받을 때도 있다. 그 사람은 어떤 삶을 살고 있는가? 나는 무엇을 위해 열심히 살아가고 있는가? 나는 지금도 매일 많은 사람과 만나고 경험을 쌓으며 하루를 살아간다. 그 속에서 많은 것을 느끼고 생각하며, 나의 인생이 이러한 순간들로 채워져 아름답다고 느낀다.

모두의 인생은 시간을 지나며 만들어낸 수많은 만남과 경험들로 이루어진 작품이다. 아파트 낙엽을 쓸면서 지나가는 주민을 볼 때면 그런 생각들이 머릿속을 가득 메운다. 각각 인생을 어떻게 채워 나가고 있을까? 하나하나 다 들여다보고 싶은 심정이다. 그런 수많은 다른 인생 속에서, 당신은 누구인가?

나는 개미로소이다

개미로 산다는 것은 즐거운 일이다. 오늘도 나는 해야 하는 일이 있기 때문이다. 먼저 이른 아침 일어나 간단히 세수를 한 뒤 상쾌한 하루를 시작한다. 누구보다 더 빨리 일어나 내가 해야 하는 일을 시작한다. 내가 그 일을 왜 하냐고? 그 일은 내가 태어날 때부터 한 일이고, 그 질문에 대해 한 번도 생각해 본 적 없어 대답하기에 곤란하다.

나의 유일한 쌍둥이 개미2는 나보다 게으르지만, 그도 나와 같이 이 일을 하는 것을 즐겨 한다. 오늘도 어김없이 개미2와 굴 밖으로 나갈 채비를 마치고 개미 곡을 기쁘게 열창했다.

"개미 여왕님을 위해~ 우리는 일을 한다네~ 우리가 알 수 없는 조상도 이 일을 했다네~ 기쁘다! 즐겁다!"

이 곡을 부르면 더욱 일을 하고 싶어지고, 일하는 것 자체가 너무 즐거워진다. 비록 일하러 걸어가는 혹은 뛰어가는 그 길이 길어 체력 소모가 크지만, 이 곡을 부름으로써 나의 피곤함과 힘듦이 말끔히 없어지는 신기한 경험을 하게 된다.

드디어 일을 끝내고 저녁이 찾아왔다. 뭐, 맨날 하는 일인데 내가 무엇을 했는지까지는 세세하게 알려줄 필요가 없다고 생각한다. 밤이 되면 나는 여왕개미가 낳은 알개미들을 보듬고 지키는 역할을 충실히 해낸다. 언제 찾아올지 모르는 낯설고 무서운 개미들이 우리 굴에 침입하여 알을 빼앗아 갈지 모르기 때문이다. 나는 오늘도 뜬눈을 지새우며 나의 임무를 다하고 짧지만 단잠을 자러 들어간다.

다음 날 아침, 우리 개미 왕국은 다른 날과 마찬가지로 식량 분배, 곧 태어날 개미 알들을 다듬고 맞이할 준비로 바빴다. 곧 태어날 젊은 개미들은 우리 왕국과는 다른 혈통의 개미들이지만, 우리는 그 개미들이 마치 우리 혈통인 듯 정성스럽게 보살핀다. 그 개미 알들이 태어난다면 우리는 제일 힘든 일과 번거로운 일들을 시킬 수 있는 소중한 자산이다. 나는 오늘 태어난 개미 알들을 다듬기 시작했다.

“인생에서 가장 하얀 순간. 참 신비롭고 아름답구나.”

처음 알에서 태어난 개미들을 가만히 쳐다보니 보기에 심히 좋았다. 일꾼개미들이 다듬지 않으면 바로 죽어버리는 너무나도 연약한 존재들을 매일 다듬으면서 죽지 않도록 보살핀다.

처음에 언급한 내가 아침에 매일 하는 그 일이 무섭냐고? 우리 개미들은 다른 개미들보다 덩치가 크고 힘이 세다는 것을 알았기에 전혀 무섭지 않다. 오늘도 분명히 전쟁의 날이자 승리의 날일 게 분명하여서 그냥 편안히 일하러 갔다가 다시 돌아오는 것뿐이다.

“개미 여왕님을 위해~ 우리는 일을 한다네~ 우리가 알 수 없는 조상도 이 일을 했다네~ 기쁘다! 즐겁다!”

우리는 함께 웃으며 어제 새롭게 찾은 다른 개미의 굴로 아주 빠르게, 한편으로는 아주 조용하게 달렸다. 비장한 발걸음으로 조심스럽고 은밀하게 적의 굴에 도착했다. 그런 우리를 발견한 적군 개미들이 비상을 선포했다.

"침입자 발생. 각자 위치로 간다."

적군 개미들은 전투태세를 갖추었고, 열과 성을 다해 자기 몸을 희생해 가면서까지 굴의 입구를 막았다. 하지만 우리는 식은 죽 먹기로 개미들을 하나씩 물어가면서 자기 몸으로 봉쇄했던 입구를 뚫고 교묘하게 적군의 집으로 침투했다. 아주 교묘하게 적군과 한편인 척 행동했다. 자기 모습을 속이면서까지 우리의 목적지인 알들에게 접근했다. 아주 보기 좋게 튼실하며 건강한 모습의 하얀 알들이 보였다.

"우리 여왕을 위해!"

대장 개미의 지휘 아래 우리는 수많은 알을 빼돌려 도망치기 시작했다. 나는 제일 하얀 알을 잡고 도망치기 시작했다. 나를 덮치려는 시커먼 개미들은 온 힘을 다해 나의 팔과 다리를 물어갔다. 눈물이 나올 만큼, 소리를 지르지 못할 만큼 너무나도 아팠다. 나를 괴롭히는 개미에게서 벗어나기 위해 나의 온 힘을 다해 소리쳤다.

"야아아아아!"

아직도 나를 물고 붙잡고 있는 개미들이 있었지만, 포기하지 않고 밝은 빛이 유난히 환하게 비친 입구만을 바라보며 열과 힘을 다해 힘껏 달렸다.

"나갈 수 없게 봉쇄하라!"
"우리의 소중한 여왕의 알들을 지켜내자."

나는 그 우렁찬 소리를 듣고 그만 깜짝 놀라 입구에서 얼마 남지 않은 곳에 알을 놓치고 말았다. 결국 목숨만이라도 부지하기 위해 포기하고 집으로 돌아가는 수밖에 없었다. 돌아가는 길에서 눈물을 흘렸다. 축 처진 몸으로 계속 걷다 보니 나의 굴 입구가 보였다. 힘없이 나의 방으로 돌아갔다.

"개미2야 나 너무 힘들어."

돌아오는 대답은 없었다. 개미2는 방에서 쉬는 것을 매우 좋아하기 때문에 누구보다도 더 빨리 일을 끝내고 방으로 돌아간다. 지금 시간대이면 그는 그 빠른 속도로 인해서 방에 돌아오고도 남았을 시간이었다.

"개미2야, 장난치지 말고, 거기 있어? 왔다면 소리라도 내어줘."

개미2가 사용하는 방 그리고 모든 개미 방을 소리치며 돌아다녔는데도 그는 결국 보이지 않았다.

그 일 이후 이전에 없었던 생각이 많아졌다. 그 생각들에 이어 다른 생각들이 나를 괴롭게 하였다. 이전에 노래 부르며 즐겁게 했던 그 일은 더 이상 재미있는 일이 아니었다. 개미2가 없어졌던 다음 날, 나는 어김없이 내가 항상 해왔던 일을 하러 나갔다. 아니, 나가야만 했다. 도저히 할 수 없다고도 느꼈지만 결국 나갔다. 항상 똑같았던 길 속 어제 적군의 입구에서 보았던 찬란한 햇빛이 나를 감쌌다.

오늘은 어제와는 또 다른 적군의 굴이었다. 막 입구에 다다랐을 때, 신경 쓰지도 않았고 관심이 없었던 개미들의 표정이 자세하게 하나둘씩 보이기 시작했다. 비장함과 슬픔, 그리고 두려움이 공존하는 그 창백한 표정을 처음 보았다. 그 표정은 나의 마음을 때렸다. 더 이상 내가 태어나면서부터 해오던 일을 도저히 시작할 수 없었다.

결국 나는 몸을 돌려 곧장 어제 갔었던 굴을 향해 달려나

갔다. 나도 모르게 나의 마음이 이 길로 향하도록 인도했다. 달리고 또 달리면서 내 속에 있는 복잡한 생각들이 내 온몸을 꽉 조였다.

"그들의 표정을 봐봐. 내가 얼마나 괴물 같아 보였을까. 나의 동료, 나의 조상들은 이 표정을 그 누구도 보지 못했던 것일까?"

이런 생각들을 오래 하다 보니 나도 모르게 어제의 적군 개미 굴 입구 앞까지 도착해 있었다. 밖은 이미 어두운 구름으로 둘러싸여 어두워졌고, 형체를 자세히 보지 않으면 알아차릴 수 없을 정도가 되었다. 조심스럽게 굴 안으로 들어갔다. 알을 빼앗으려고만 했던 나의 추악하고 더러운 시각을 제쳐두고 차근차근 입구의 겉모습을 둘러보았다.

나는 더욱 깊숙이 들어가도록 다짐하고 한 걸음 조심스럽게 내딛기 시작했다. 열심히 식량 배분과 갓 태어난 아기개미들을 다듬고 있는 일꾼개미들이 눈에 띄기 시작했다. 거기서 나는 내 얼굴을 볼 수 있었다. 하나같이 나와 별반 다름없는 모습으로 그들은 그들의 임무를 충실하게 하고 있었다.

나는 더 이상 들어가지 못하고 다시 입구 쪽으로 몸을 돌렸다. 아까보다는 빠르게 발걸음을 옮기며 입구 쪽으로 나아갔다. 그 순간 하늘에서 엄청난 불빛이 땅을 강하게 내리쳤다. 입구로부터 들어온, 태어나서 한 번도 보지 못했던 밝은 빛이 나를 덮쳤다. 나는 그만 기절하고 말았다.

내가 네게 명령한 것이 아니냐 강하고 담대하라
두려워하지 말며 놀라지 말라 네가 어디로 가든지
네 하나님 여호와가 너와 함께 하느니라 하시니라
- 여호수아 1장 9절 -

김민서 편

거울의 기회

나 자신을 비추는 거울.

오늘도 자고 일어나서 나의 모습을 확인하기 위하여 거울을 들여다본다.

'오늘도 똑같네.'

항상 똑같은 나의 모습에 별다른 감흥 없이 거울에서 눈을 떼어냈다. 똑같은 모습을 볼 때면 익숙하고 안정적이라 느끼기도 하지만 무엇이 잘못되어 가는지 신경 쓰지 못할 정도로 위기의식이 사라지기도 한다. 그냥 그 상황이 익숙해서, 알아채지 못하는 게 다반사이다. 며칠 뒤, 나는 똑같이 거울을 들여다보았다. 오늘은 왜인지 얼굴이 조금 수척해 보였다. 하지만 신경 쓰지 않았다. 그냥, 난 평소처럼 거울에서 눈을 떼어내고 싶었으니까. 또 시간이 지나고 거울을 보니 내 얼굴은 더 이상 나라고 말할 수 없을 정도로 많이 힘들어 보였다. 이제야 나는 속으로 '아 이건 좀 아닌데'라는 생각을 했다.

하지만 외면해 버렸다. 거울에서 눈을 떼어내버리면 그냥 나의 아픈 모습을 안 봐도 되니까 말이다. 하지만 나의 그 행동은 완전히 잘못된 선택이었나 보다. 마지막으로 거울을 봤을 때, 거울 안에는 내가 없었다. 아무도 없었다. 그냥 적막한 새벽의 공터처럼 누구도 비추고 있지 않았다. 나는 더 이상 나를 볼 수가 없게 되었다. 어쩌면 거울은 단순히 나를 보여준 것이 아닐지도 모른다. 잘못되어 가는 상황을 비추어줌으로써 해결할 수 있는 기회를 여러 번 알려준 것일지도 모른다.

어리석고 무지했던 난, 그렇게 없어진 나를 비추는 거울을 하염없이 바라보며 아무것도 할 수 없다는 무력함과 끝없는 후회를 느끼며 잠식되고 있다. 그렇게 나는 무너짐을 반복하며 찢겨나가고 있다. 여전히, 아직까지, 어쩌면 영원히.

내가 네게 명령한 것이 아니냐
강하고 담대하라 두려워하지 말며
놀라지 말라 네가 어디로 가든지
네 하나님 여호와가
너와 함께 하느니라 하시니라

- 여호수아 1장 9절 -

김민선 편

집

"할아버지는 집이 어디에요?"

손 시리도록 추운 겨울날, 자그마한 꼬마 아이가 물은 말이었다. 언제인지는 기억나지 않았다. 모레던가, 어제던가. 아, 오늘이었다.

"내 집?"

그 말에 그는 좀체 쉽사리 대답하지 못했다. 집. 그가 그 단어를 되뇌자 꼬마가 재촉했다.

"집 말이에요, 할아버지 집! 어디서 주무세요?"
"잠?"

그가 되묻자 아이가 힘차게 고개를 끄덕였다. 그가 말했다.

"잠자는 곳이 집이란 말이니?"

"네! 할아버지가 주무시는 곳이요. 집이 어딘지 모르세요?"

꼬마의 물음에 그는 쉽사리 대답하지 못했다. 집이라, 들어간 지 얼마나 되었던가. 게다가 그 정의는 또 뭐란 말인가. 잠을 자는 곳이 집이라니, 그러면 어디든 잠만 청한다면 집이 될 수 있단 말인가?

"뭔가 잘못 알고 있는 거 같구나, 얘야, 난 집이 없단다."

"그럴 리가요. 엄마는 모든 사람한테 집이 있다고 그랬는걸요? 하다못해 새들도 잠잘 곳이 있다고요."

꼬마가 반짝거리는 눈으로 나무 위의 새집을 가리켰다. 주인 없이 남겨진 둥지. 그가 고개를 저으며 말했다.

"허튼소리, 다 떠났잖니. 저게 어딜 봐서 집이라는 거니?"

나뭇잎 없는 가지를 사이로 드러난 둥지는 참으로 볼품없었다. 초등학생 아이가 나뭇가지로 만든 것 같은 조잡함. 아름다움이라곤 하나도 찾아볼 수 없는 모양에 그는 혀를 찼다.

"저런 건 집이 아니란다. 집이란 건 말이다. 너의 심장이 있는 곳이야. 저렇게 버려져서야 아무 의미도 없지."

"심장이요?"

심장이란 말에 꼬마 아이가 눈을 동그랗게 떴다. 그가 주름이 자글자글한 손을 가슴 위에 올렸다.

"그래, 심장이란다. 이 심장이 뜨겁게 타오르는 곳에 너의 집이 있지. 그런 의미에서 난 갈 곳 없는 박새란다."

"할아버지가 새라고요?"

"박새는 어디에나 집을 짓지. 그런데 그런 박새도 누울 곳을 찾지 못한 거라면, 이 세상은 살 의미가 없단다."

그가 벤치에서 일어나 지팡이를 짚었다. 꼬마 아이가 당황해 물었다.

"어디 가세요?"

"나도 모른다. 내 발이 나를 인도하겠지."

"오늘 많이 추워요. 옷도 얇으신데, 이만 들어가세요. 제가 도와드릴게요."

꼬마의 말에 그가 코웃음을 쳤다. 그가 천천히 걸으며 말했다.

"네가 어떻게 도와준다는 거니?"

"집에 모셔다드릴게요. 집 가시는 법을 몰라서 그러시는 거 아니에요?"

그가 대답하지 않자 꼬마가 그를 따라왔다. 졸졸 따라오는 게 귀찮았다.

"학교 안 가니?"

"학교는 진작 끝났어요. 이제 집에 가야죠."

"그럼 왜 여기 있니?"

꼬마가 할아버지를 보며 말했다.

"할아버지가 안 가셨으니까요."

"그게 무슨 상관이니?"

"집에 가는 길은 기쁘잖아요. 힘든 하루를 마치고 돌아오는 거니까. 근데 할아버지는 집에 갈 시간인데도 맨날 저 벤치에 앉아 계세요. 별로 기뻐 보이지 않아요."

꼬마의 말에 그는 참 사려 깊은 아이라고 생각했다. 그래도 이제 해가 떨어질 시간, 이런 어린 아이가 바깥에 다니는 건 좋지 않았다.

"가족들이 걱정 안 하니?"

"어두워지기 전까진 괜찮아요. 할아버지는 가족이랑 같이 사세요?"

"딸이랑 살지. 아주 착한 아이야. 학교에서 지점토로 항아리를 만들어왔지. 오늘은 숙제를 다 했어야 했을 텐데…"

뽀얀 딸 얼굴이 생각나자 절로 힘이 났다. 꼬마가 우물쭈물하다 말했다.

"저… 할아버지, 할아버지께선 저런 집은 필요 없다고 말씀하셨지만, 사실 그렇지 않은 거 아닐까요? 저 새들도 언젠가 돌아올 거잖아요. 이 겨울이 가고 나면, 그래서 다시 움이 트며 저기서 새 삶을 일궈 나갈 거 아니에요. 그러니까 할아버지도 오늘은 이만 들어가세요. 가족분들이 걱정하시겠어요."

"……"

그가 대답하지 않자, 꼬마가 불안하게 그를 올려다봤다. 그는 조금 더 걸어 빨간 대문 앞에 멈췄다.

"할아버지? 뭐 하세요?"

꼬마의 말이 귓가에 울렸다. 그는 멍하니 대문 앞에 있는 화분을 내려다봤다. 옹기 안에 작은 동백꽃이 피어 있었다.

"에그머니, 항아리 영감님 아녀?"

이내 대문이 열리더니 한 아주머니가 나왔다. 노인은 멍하니 그녀를 응시했다. 그녀가 말했다.

"아이고, 또 오셨어요? 따님 댁은 저 골목으로 이사 갔다니까? 빨리 가요. 내가 데려다줄 테니까."
"할아버지 집을 아세요?"

꼬마의 물음에 아주머니가 그에게로 고개를 돌렸다.

"걱정돼서 따라온 거니? 아유, 착한 녀석, 너무 걱정 마렴. 이 영감님이 소싯적에 도자기 장인이었는데, 어쩌다 치매가 와서. 빨리 와요, 내 이번엔 말을 하든가 해야지."

그녀가 그의 팔을 잡아끌었다. 그가 고개를 저으며 말했다.

"나는 집이 없어."
"그래요, 그래. 따님 집 가요. 따님이 기다려요."

처음엔 움직이지 않던 그는 '딸'이라는 말에 순순히 발걸음을 옮겼다. 그가 꼬마를 지나치기 전, 잠시 눈을 마주쳤다.

"……"
"너도 빨리 들어가라, 알았지?"

아주머니와 노인이 골목 너머로 사라졌을 때, 소년은 그가 철새였을지도 모른다고 생각했다. 새카만 밤하늘을 건너야만 집에 갈 수 있는, 홀로 남은 새.

검은 고양이

세상은 공평하지 않다. 누군가는 처음부터 모든 걸 가지고 태어나고, 누구는 몸을 비틀어도 얻지 못한다. 가정과 부, 외모와 배경. 누구나 부정하지만, 그것이 현실. 인생은 불합리하다.

"아빠, 나 오늘 먼저 들어가도 돼?"

그는 저 너머에서 들어오는 목소리를 들으며 화면 너머를 응시했다. 빛나는 화면 위로 초췌한 얼굴이 보였다. 누군가는 늦게까지 자리를 지키고, 누군가는 그들이 이뤄낸 결과만을 즐긴다.

"조금만 더 수고해 줘요~."

허락을 받았는지 웃으며 사무실을 나서는 제 상사를 보

고, 그는 한숨을 내쉬었다. 자신보다 훨씬 어린데도 사장의 아들이란 이유로 높은 자리에 앉게 된 이. 누군가는 불공평하다고 말하겠지만, 바꿀 수는 없다. '오늘도 야근…'

식어버린 커피를 입에 대자 밍밍한 쓴맛이 느껴졌다. 미약한 향이 코를 스쳤다. 맹물이나 다름없는 그것을 넘기고는, 다시 컴퓨터 앞에 앉아 잔업을 처리했다. 눈두덩이가 쿡쿡 쑤셨다. '끝났다.'

자정이 넘은 시각이 되어서야 그는 자리에서 일어날 수 있었다. 바깥으로 나오자 새카만 밤하늘이 그를 맞이했다. 별조차 보이지 않는 도시의 밤. 화려한 밤의 불빛은 하늘의 자연스러운 빛을 가렸다. 그것에 눈이 아파 다시 비비고는, 앞으로 걸었다.

'회사를 옮기든가 해야지. 가까워서 다녔더니…'

차가운 초겨울의 공기가 코끝을 찔렀다. 그것에 몸이 시려와 코트를 제대로 걸치는데, 익숙한 현관에 이질적인 털뭉치가 보였다. '응?'

현관 옆, 어두운 골목길 앞쪽에 작은 무언가가 웅크리고 있었다. 처음엔 누가 털코트라도 버렸나 싶었는데, 자세히 보니 눈이 달려 있었다. '고… 양이?'

그가 알던 고양이와는 달랐다. 인터넷에서 보던 보드라운 털과는 달리 푸석푸석했고, 빛깔도 바랬다. 꼬리는 중간이 굽었고, 하물며 눈은 한쪽이 보이지 않는지 애꾸였다. 더 자세히 보려 가까이 가자 쿰쿰한 냄새가 났다. 굳이 이름 붙이자면 못생긴 길고양이. 그 이상도 이하도 아니었다. '새끼는 아니고…, 그냥 숨은 건가.'

저런 외모로 누군가에게 키워졌을 것 같진 않았다. 버려졌다기보단, 아마 처음부터 길고양이로 살았겠지. 물론 어느 쪽이든 그가 상관할 일은 아니었다. 몸을 돌려 현관으로 가려는데, 작은 울음소리가 들렸다.

"냐옹-."

아주 작은, 자칫하면 놓칠 정도로 작은 소리였다. 그러나 그의 귀에는 똑똑히 들렸고, 발걸음을 멈추자 다시 한 번 귀를 파고들었다.

"냐오옹."

뒤를 돌아보자, 어둠 속에서 나온 고양이가 보였다. 빛 아래서 보니 더 초라했다. 갈비뼈가 드러나고, 볼품없는 체구. 그가 앞에 쪼그려 앉았다.

"키워달라고?"
"미야아앙."

작은 녹색 눈이 그를 향했다. 고양이가 한 발짝 앞으로 다가와 머리를 비볐다. 고양이 주제에 말을 알아듣는 듯 움직이는 게 웃겼다. 그가 고양이를 밀어냈다.

"안돼. 나 바빠."
"냐악?"

그가 몸을 일으키자, 고양이가 당황한 듯 다가왔다. 혹시 쫓아올까 빌라의 공동 현관 번호를 입력하고는 재빨리 안으로 들어갔다. 다행히 따라 들어오지는 않았다. '내 형편에 고양이는 무슨.' 제 한 몸 건사하기도 힘든 마당에 다른 생명까지 책임질 여력은 없었다. 집에 들어와 코트를 벗고, 익숙하

게 컴퓨터를 켰다. 준비하는 사업이 있었다. '언젠가는 저 회사 때려친다.'

이를 악물고 컴퓨터 자판을 두드렸다. 지금처럼 평생 살 생각은 없었다. 꿈도 있고, 목표도 있고, 갖고 싶은 미래도 있었다. 그것을 위해선 얼마든지 힘들어도 괜찮았다. 한참 자판을 두드리자, 머리가 아팠다. 요즘 잠을 잘 자지 못한 탓인 것 같았다. 잘 시간이 없는 건 차치하고서라도, 이상하게 잠이 오지 않았다. '… 불안해서 그런가.'

생각할 게 많은 건 사실이었다. 회사 일도, 사업 준비도 마음대로 되는 게 없었다. 원래 인생은 다 힘든 거라던데, 왜 나만 더 힘든 거 같은지. 깨질 것 같은 두통에 그는 여기까지만 하자고 생각하며 의자에서 일어났다. '고양이.'

막 침대에 눕는데 아까 본 애꾸눈 고양이 생각이 났다. 울면서 따라오던 모습이 눈에 아른거렸다. 몸이 마른 게 상태가 별로 안 좋아 보이던데, 추운 겨울밤을 넘길지 모르겠다. '털이 있으니까… 알아서 하겠지.'

그는 얇은 이불로 몸을 돌돌 말고 눈을 감았다. 내일도 출근해야 했다.

“어제는 고생하셨습니다.”

상사가 따듯한 커피를 자리에 놓으며 말했다. 고개를 끄덕이며 받으니, 오늘도 부탁한다고 말을 건넸다. 욕이 나올 뻔한 걸 참고 타자를 쳤다. ‘꼭 나가서 회사 차려야지.’

딱히 나쁜 사람이라고 생각하진 않는다. 분명히 하는 일도 있고, 무능하지도 않다. 나한테 피해가 오는 게 싫을 뿐. ‘어쩌겠냐. 상산데. 하라면 해야지.’ 다행히 오늘은 야근까지 하진 않았다. 적당히 일을 마무리 짓고 일찍 퇴근할 수 있었다. 그는 밖으로 나와 커피를 마지막 한 모금까지 마시고는 쓰레기통에 넣었다. 달그락 소리가 거슬렸다. ‘일단 집 가서 좀 쉬어야지. 그 다음에는… ’

천천히 익숙한 길을 걷는데 소란이 들렸다. 원룸 빌라의 현관 앞에 행인 몇이 모여 있었다. 그가 물었다.

“무슨 일이십… ”

숨을 들이마시는 순간 불쾌한 냄새가 났다. 뭐라 중얼거리는 행인들 사이로 검은색 솜뭉치가 보였다. '고양이?'

한쪽 눈에 흉터가 있는 고양이가 차가운 콘크리트 바닥에 정신을 잃고 쓰러져 있었다. 옆으로 토사물이 보였다. 작디작은 몸이 파들거리며, 하나 남은 녹색 눈이 초점을 잃고 흔들렸다. '너… '

머리보다 몸이 먼저 움직였다. 저도 모르는 사이 두 손으로 검은 고양이를 안아 들고 거리를 내달렸다. 미약한 온기가 팔을 스쳤다. 그것이 마치 꺼져가는 불빛 같아 발걸음이 점점 빨라졌다. '동물병원.'

눈에 가장 먼저 보인 곳으로 들어가자, 당황한 얼굴의 직원이 그를 맞았다. 짧게 사정을 설명하자 안으로 들여보내주었다. 의사를 만나고, 무언가 정신없이 지나간 뒤에야 그는 차분한 진단을 들을 수 있었다.

"장염기가 있네요. 영양실조에 탈수가 심합니다. 더 늦었으면 위험할 뻔했어요."

"냐아앙~."

검사를 마치고 들려 나온 고양이가 저 인간이 자길 괴롭혔다는 듯 울었다. 팔에 수액을 놓아서 그런 것 같았다. 고양이는 의사를 한 번 째려보더니, 능청스럽게 총총 와서 안겼다. 그가 한숨을 내쉬었다.

"그래, 네가 원하는 대로 해라."

고양이를 품에 안고, 그는 집으로 돌아왔다. 다른 손의 비닐봉지에서 사료나 모래 등 기본 용품들이 바스락거렸다. 문을 열고 집으로 들어가자, 고양이가 한쪽 눈으로 열심히 집을 탐색했다. 꼬리가 살랑거렸다. '나도 모르겠다.'

고양이를 내려놓고, 그는 동물병원에서 들은 대로 적당히 용품들을 세팅했다. 용품이라 해봤자 거창한 건 없었다. 모래 화장실이랑 작은 집 하나. 안 쓰는 밥그릇에 마실 물을 담는데 골골 소리가 들렸다.

"… 뭐하냐?"

검은 고양이가 떡하니 침대 한가운데를 차지하고 있었다. 작은 검은색 털 뭉치가 회색 침대에 잘 어울렸다. 고양이가 얼른 와서 자자는 듯 울었다. 그는 더 이상 생각하기도 귀찮아 침대에 누웠다. 고양이가 당당히 가슴 위로 올라와 몸을 동그랗게 말았다. 그 당당함에 웃음이 났다. '아, 저거 씻겨야 되는데.'

다시 일어날지 고민하던 그는 내일 하자고 생각했다. 지금은 이상하게도 잠이 몰려왔다. 한 손으로 고양이를 쓰다듬으며, 그는 눈을 감았다.

"냐옹."

세상은 분명 공평하지 않다. 누군가는 따뜻한 집에서 태어나고, 누구는 길거리를 떠돈다. 그러나 그것이 다른 누구보다 못한 미래를 맞이할 이유는 되지 않는다. '아, 벼룩.'

우리에게 미래만은 공평하게 찾아오기에, 그리고 그 속에서 행복을 찾을 수 있기에.

미래의 꿈

단 한 번도 내가 하는 일을 좋아한 적은 없었다. 무료하게 일어나, 똑같은 나날을 살아간다. 어두운 무채색의 일상. 칙칙한 화면 앞에 앉아 자판을 두드리는 일을 좋아할 인간이 몇이나 될까. 적어도 난 아니었다. 하고 싶던 게 없던 건 아니다. 학창 시절엔 그림을 좋아했다. 그러나 그런 것으론 먹고 살 수 없다는 말에 진로를 지금 다니는 학과로 정했고, 여기까지 왔다.

'따분하다.'

마음에 들지 않는 건 많았다. 배우는 내용이라던가, 하는 과제라던가. 단 한 번도 즐거운 적 없었다. 그저 해야 하는 일이니까 했고, 안 하면 안 되니까 했다. 그러나 졸업을 앞둔 지금, 이게 내가 평생 할 일이라고 상상되진 않는다.

'이대로 사는 게 맞을까?'

이렇게 대학을 졸업하고, 직장을 구해서 적당한 일을 하다 죽는다라. 나쁘진 않지만, 그다지 내키지도 않았다. 적어도 하나쯤은 가슴이 뛰는 일을 품고 살고 싶었다.

'내가 좋아하는 게 뭘까.'

침대에 누워 눈을 감은 채 고민했다. 대중적인 취미를 떠올려 보다 머리에서 지웠다. 좋아하는 게 없었다. 그림도 지금에서야 그다지 의욕이 나지 않았다. 분명 그때는 울 정도로 좋아했는데.

'그래도 한 번 그려볼까.'

잠시 뭉그적거리다, 간신히 몸을 일으켰다. 벽장 구석에 처박혀있던 오래된 붓을 꺼내고, 반쯤 굳은 물감을 꺼냈다. 짜지 못할 정도로 굳어버려 새로 사 와야 했다. 가는 김에 아예 작은 캔버스를 샀다. 물통에 물을 담고, 몇 년 만에 다시 붓을 들었다.

‘어떻게 하더라?’

일단은 간단히 스케치를 하고, 그 위를 물감으로 덮었다. 오랜만에 그림을 그려서 그런지 붓이 손에 익지 않았다. 색을 칠할 때마다 잘못 번졌고, 색조도 마음에 들지 않았다. 붉은색과 초록색, 거기에 더해진 노란색이 탁하게 섞였다.

처음 그리겠다고 마음먹은 건 사과였다. 그러나 이후 복숭아로 바꾸었다. 하지만 막상 그려진 것은 사과도 복숭아도 아닌 과일을 닮은 무언가였다. 원래의 의도 따위는 없어져 버린 무언가. 그것에 실망해 붓을 내렸다.

‘이상해.’

분명 전에는 정말로 좋아했는데, 지금 와서는 너무 멀게만 느껴졌다. 재미도 없고, 흥미도 떨어졌다. 붓을 물통에 넣자 탁한 물이 튀었다.

‘모르겠어.’

뭐가 좋은지, 무엇이 하고 싶은지 도무지 알 수 없었다.

분명 나의 미래고 인생인데, 왜 나는 무얼 하고 살고 싶은지 모른단 말인가.

'꿈 같은 건 못 꾸게 되어버린 걸까.'

초췌한 청년의 얼굴이 탁한 물 위에 비쳤다. 화려한 물감들이 사라지고 남은 찌꺼기. 이젠 원하는 것조차 그려낼 수 없게 됐다.

'… 나는 뭘 하고 살까?'

바람도 없이, 꿈도 없이, 흘러가는 유속에 맞춰 무기력하게. 강에 떠가는 나무 조각처럼 아무 생각 없이 살아갈 걸 생각하니 몸에서 힘이 빠졌다. 분명 어릴 땐 반짝반짝한 꿈이 있던 것 같은데, 어쩌다 이렇게 되었을까.

그는 눈을 들어 반쯤 마른 그림을 쳐다봤다. 보면 볼수록 부족한 부분이 보였다. 무엇도 아닌 과일이 그를 향해 맺혀 있었다.

'아니, 어쩌면 당연한가?'

하얀 캔버스 위에 피어난 과실. 그것이 마치 원래의 의도대로 살지 않아도 괜찮다고, 명확한 결심 없이 흘러가는 인생이라도 어떠냐고 속삭이는 것 같았다. 혼란과 방황. 인생이 막 시작되는 지점에서 이후에 대해 명확히 아는 사람이 얼마나 되겠는가. 하물며 영화조차 시작 부분에서는 어떻게 끝이 날지 모르는데.

'찾아볼까?'

좋아하는 것, 하고 싶은 것. 중간에 잃어버릴 수도 있고, 의욕을 잃을 수도 있다. 꼭 앞으로의 직업과 연관되지 않을 수도 있겠지. 그래도, 일상을 선명하게 물들일 미래의 꿈 한 조각 정도는 괜찮지 않을까.

내가 사망의 음침한 골짜기로 다닐지라도

해를 두려워하지 않을 것은 주께서 나와 함께 하심이라

주의 지팡이와 막대기가 나를 안위하시나이다

- 시편 23편 4절 -

김진서 편

나?

우리는 항상 거울을 본 후 우리의 세상을 살아가려 발걸음을 뗀다. 그렇다면 거울 안에 있는 '나'는 어디로 향하는 것일까? 우리와 같은 세상을 '나'도 살아가는 것일까? 거울 안에서도 같은 음식, 행동뿐만 아니라 냄새, 소리도 느껴지는 것일까?

현실에서의 나는 거울 안에서 서로 마주 보고 있는 '나'를 대수롭지 않게 생각한다. 그렇지만 '나'는 그쪽 세계가 아닌 현실 세계에 빌붙어 사는 것이 아닌가 하는 생각이 문득 들게 되었다. 하루 24시간 중 거울을 보는 시간이 20분쯤 될까, 그 시간이 나에게 올 수 있는 유일한 시간일지도 모른다. 그렇다면 나는 도대체 무엇을 하고 있을까. 잠깐 사라지고 말 '나'와 달리 사라지지 않고 행동하는 나의 모습은 20분보다 가치 있는 행동을 하고 있을까.

당신에게 묻고 싶다. 거울에서 바라보는 '나'의 눈이 오늘따라 애처롭지 않았는지, 당신이 거울 앞을 떠나는 순간 아쉬움이 비쳐 보이지 않았는지, 오늘 나의 하루는 20분보다 가치 있는 하루였는지.

사랑은 모든 것을 참으며 모든 것을 믿으며

모든 것을 바라며 모든 것을 견디느니라

\- 고린도전서 13장 7절 -

김하늘 편

한여름의 별 하나

우리 아버지는 김밥을 싸는 사람이다.

큰 도시의 한적한 골목, 듬성듬성 숨 쉬는 가게들 사이에서 묵묵히 자리를 지키는 작은 공간. 그곳에서 아버지의 김밥 가게는 늘 그렇듯 고요하다. 어머니는 말하신다. 아버지의 김밥은 이 도시에서 가장 예쁜 김밥이라고. 먼 타지에서 홀로 지내는 오빠에겐 집을 떠올리게 하는 김밥이고, 나에게는 세상에서 가장 따뜻한 김밥이다. 아버지는 그렇게 사연이 담긴 김밥을 싸는 사람이다.

매미 소리가 공기를 데우고 도로 위가 뜨겁게 흔들리던 어느 여름날, 나는 허기를 품은 채 가게 문 앞에 선다. 얇은 유리 하나를 사이에 두고 바깥은 뜨거웠고, 안은 고요했다. 하지만 데스크를 넘어 부엌 안에서는 분주히 움직이는 아버지와 쉴 새 없이 달그락거리는 그릇 소리가 들려왔다. 주문이 밀려 들어온 모양이었다. 도움이 되지 못하는 나는 계산대 주변을 서성거리다, 배달 기사님이 문을 두드릴 때마다 허둥지둥 봉지를 건네는 일밖에 할 수 없었다.

얼마 후, 가게 전화가 짧게 울었다. 누군가가 수저를 빠뜨린 작은 실수를 잡아 별 하나짜리 후기를 남긴 것이었다. 나는 무심코 확인한 후기를 아버지께 보여드릴지 말지 망설였다. 이해할 수 없었다. 식탁에 수저 하나 없는 집이란 말인가? 음식은 맛으로 평가해야 하는 거 아닌가? 먹기는 잘 먹어놓고서. 하지만 결국 그 후기를 확인하신 아버지는 진심으로 안타까워하셨다. 김밥은 완벽했지만, 마음 한 조각을 놓친 듯했다. 세상에선 쉽게 넘겨버릴 가벼운 실수와 불만을, 아버지는 결코 가볍게 넘기지 않으셨다. 그것이 아버지의 진심이었고, 그것이 아버지가 싸는 김밥이었다. 아버지는 단지 배를 채우는 음식이 아니라, 마음을 채우는 온기를 건네고 싶으셨던 것이다. 비록 한 사람은 별 하나를 남기고 떠나갔지만, 돌아보니 많은 사람들이 또 줄을 서 있었다.

그들은 하루의 허기를 달래기 위해 왔지만, 아버지는 그들의 마음까지 채우고자 하셨다. 날은 뜨거웠으나 마음은 차가운 계절이었기에, 배가 고팠으나 사실은 다른 것이 더 고팠을지도 모르는 하루를 살아낸 그들이었기에. 그런 이들을 위해 아버지는 한여름에도 따뜻한 김밥을 말고 계셨다.

작은 가게에서 세상에게 작은 온기를 건네는…

우리 아버지는 김밥을 싸는 사람이다.

우리가 알거니와 하나님을 사랑하는 자
곧 그의 뜻대로 부르심을 입은 자들에게는
모든 것이 합력하여 선을 이루느니라
- 로마서 8장 28절 -

나한나 편

왕자

옛날 옛날, 한 왕국의 왕비가 간절히 소원을 빌었습니다.

"제발, 누구나 제 이야기를 듣고 계시다면 부디 제게 나라를 이어받아 훌륭히 이끌어 갈 현명한 아이를 주세요."

삼일 밤낮으로 기도한 끝에, 마침내 한 목소리가 들려왔습니다.

"네 정성에 감동받아, 네 소원을 들어주겠다. 앞으로 열 달 후에 너는 아들을 낳게 될 것이다. 또한 그 아이가 현명히 나라를 이끌어 갈 수 있도록, 아이를 인도하는 두 목소리가 아이에게 들릴 것이다. 두 목소리 중 올바른 목소리를 선택한다면 네 아이는 더없이 훌륭한 왕이 될 것이다."

어머니는 뛸 듯이 기뻐하며 감사 기도를 올리고, 남편에게 달려가 이 소식을 전했습니다. 목소리의 말대로 열 달이 지나 왕비는 건강한 아들을 낳았습니다. 왕비가 왕자를 낳았다는 소식이 전해지자 온 나라가 다 같이 기뻐했습니다.

왕자가 태어나서 처음으로 들은 것은 신비한 두 목소리였습니다. 한 목소리는 왕자에게 반갑게 인사하며 앞으로 즐거운 시간을 보내자 말했고, 또 다른 목소리는 왕자가 태어나기를 기다렸다며 왕자는 많은 사람이 기대하는 특별한 존재라며 반갑다 말했습니다.

왕자는 무럭무럭 자라났고, 늘 또래보다 의젓해 많은 사람들의 기대를 받았고, 흔한 사고 한 번 치지 않았습니다. 사람들은 입을 모아 말했습니다.

"왕자님은 훌륭한 왕이 되실 게 분명해!"

그러던 어느 날, 왕궁 뒤뜰에서 왕자는 한 아이를 만났습니다. 왕자와 아이는 이윽고 친구가 되어 신나게 뛰어놀았습니다. 그렇게 사흘이 지나자 한 목소리가 왕자에게 말을 걸었습니다.

"이제 그만 노는 것이 어떨까? 우리 사흘째 수업을 듣지 않고 있어. 수업을 들어 훌륭한 왕이 되는 게 노는 것보다 중요하잖아."

다른 목소리가 말했습니다.

"하지만 그럼 친구가 슬퍼할 텐데? 또 너도 같이 노는 것이 재미있었잖아."

어느 목소리의 말을 들어야 할지 헷갈린 왕자는 어머니께 물었고, 왕비는 네가 훌륭한 왕이 될 수 있다고 생각하는 쪽을 고르라 말했습니다. 그렇게 왕자는 친구랑 노는 것을 포기했습니다. 대신 왕자는 현명한 선택을 내리기 위한 많은 지식을 배웠습니다.

두 번째로 목소리가 들려왔을 때는 왕자가 충분히 자랐을 때였습니다. 한 무도회에서 왕자는 아리따운 아가씨를 만나게 되었고, 왕자는 첫눈에 아가씨를 사랑하게 되었습니다. 왕자와 아가씨는 자주 만났고, 마음은 계속해서 커져 갔습니다.

왕자가 청혼을 하려던 어느 날, 두 목소리가 다시 들려왔습니다.

“다시 잘 생각해 보자. 그 아가씨는 틀림없이 좋은 사람이지만, 아가씨의 집안은 그렇지 않아. 그 아가씨가 왕비가 된다면 왕국은 틀림없이 혼란스러워질 거야.”

다른 목소리가 말했습니다.

“하지만 아가씨를 사랑하지 않아? 아가씨를 슬프게 할 셈이야?”

고민하던 왕자는 그다음 무도회에서 왕과 왕비가 정해준 다른 아가씨와 함께 춤을 추었습니다. 아리따운 아가씨는 그런 왕자를 슬픈 듯 바라보았습니다. 그렇게 왕자는 사랑하는 사람과 결혼하는 것을 포기하였습니다. 대신 왕자의 왕국은 더욱 강대해졌습니다.

그렇게 세월이 흘러, 마침내 왕자는 왕위에 올랐습니다. 왕자는 예나 지금이나 지혜롭고 현명했으며, 백성들 또한 그런 왕자를 사랑했습니다. 왕자는 언제나 정직하고 현명한 통치를 하려 노력하였습니다.

그러던 어느 날, 왕국의 북쪽 변경에서 반란이 일어났다는 소식이 들려왔습니다. 그 반란의 지도자는 다름 아닌 왕자의 어릴 적 친구였습니다. 왕자는 크게 놀랐습니다. 왕자는 믿기 어려운 마음으로 소식을 들었습니다. 아직 왕자의 통치가 닿지 않는 북쪽에서는 관리들이 멋대로 행해 백성들이 굶주리고 있었고, 참다 못한 백성들이 들고 일어났다는 것이었습니다. 왕자의 친구는 편지를 보내왔습니다.

"왕이시여. 나는 당신을 미워하지 않습니다. 당신이 훌륭한 왕이 되고자 얼마나 노력했는지 나는 알고 있습니다. 다만 우리가 얼마나 고통받고 있는지 세상에 알리고자 칼을 들었습니다. 우리는 우리를 굶주리게 한 관리들만 물러난다면 자연스레 흩어질 것입니다."

왕자는 깊은 고민에 빠졌습니다. 그때, 정말 오랜만에 두 목소리가 들려왔습니다.

"네가 그 친구에게 마음이 쓰인다는 걸 알아. 또 반란을 일으킨 백성들이 정말 고통스러웠다는 것도 알아. 하지만 법은 반드시 지켜져야 해. 법이 지켜지지 않는다면 왕국은 유지되지 못하고, 더 많은 사람들이 살 곳을 잃게 될 거야."

이윽고 다른 목소리가 말했습니다.

“그들이 선택한 수단은 극단적이지만, 그들에겐 잘못이 없어. 만약 그들이 반란을 일으키지 않았다면 굶어 죽었을 거야.”

왕자는 며칠 밤을 뜬눈으로 지새웠습니다. 그러는 사이 반란군이 전부 진압되었다는 소식이 들려왔습니다. 왕자는 눈물을 머금고 친구의 사형을 명했습니다. 왕국은 더욱 강대해졌습니다. 이제 왕국에서는 어디를 가든지 왕에 대한 칭찬이 들려왔습니다. 백성들은 지혜롭고 공명정대한 왕을 칭송했고, 왕 또한 훌륭한 통치로 이에 보답하였습니다. 그렇게 왕자는 오랫동안 나라를 훌륭하게 다스렸습니다. 그러나 이 뒤에 덧붙일 이야기는, 역사책에는 실리지 않은, 왕자의 마지막 이야기입니다, 왕자가 신의 품으로 돌아가기 전날 밤, 마지막으로 왕자에게 목소리가 들려왔습니다. 두 목소리는 축하의 말을 전하며 말했습니다.

“축하해, 넌 참으로 훌륭한 왕이 되었구나. 넌 세상의 그 어떤 왕보다 지혜롭고 정의로웠어.”

그러자 왕자가 조용히 웃으며 처음으로 두 목소리에게 말했습니다.

"하나만 대답해줄래? 훌륭한 왕이 되는 것이 정말로 내가 원하던 것이었을까? 아니면…"

두 목소리는 아주 조용히, 조용히 왕자에게 속삭였습니다.

크리스마스 전구

하늘에서 내린 눈이 소복히 쌓여가고 있었다. 창문 틈으로 찬 바람이 새어들어와 방안의 공기를 몽땅 얼려버린지 오래였다. 엘리는 얼어붙은 손을 녹이려 애썼지만 모두 헛수고였다. 이윽고, 담요를 두른 채 손을 비비기를 포기한 그녀가 창밖을 내다보았다. 12월 25일, 오늘은 12월 25일이었다. 그와 엘리가 사랑을 약속했던 날, 그러나 그는 지금 그녀 곁에 없었고, 살았을지도 정확히 모르는 채였다. 그가 징집 당한지도 벌써 1년이 다 되어갔다. 그녀는 매일 아침 떨리는 마음으로 전사자 명단을 확인하고, 그를 발견하지 못하면 내일 그의 이름이 거기 실릴지도 모른다는 생각에 떨며 하루하루를 보냈다.

'엘리…약속할게, 이 겨울이 끝나면…'

밖에서 세차게 불어온 광풍이 그녀의 생각을 멎게 했다.

지금은 당장 이 겨울을 어떻게 나야 할지 고민해야 했다. 한숨을 쉬며 그녀는 창밖을 내다보았다. 군데군데 낙엽이 달려있는 앙상한 나뭇가지가 그녀의 마음을 표현해주는 듯했다. 시리도록 차가운 바람 속에서 잎사귀 몇 장을 붙잡고 어떻게든 살아가려는 모양새가 마치 그의 소식을 기다리는 그녀와 닮아 있었다.

"사람 한 명 없네…"

그녀가 기억하기에, 지난 겨울은 결코 이런 모습이 아니었다. 전쟁에 대한 두려움으로 인해 군데군데 긴장이 녹아들어 있긴 했지만, 모두가 다가올 새해를 기다리며, 일년의 마지막을 축하하고 얼마 안되는 돈을 모아 맛있는 걸 먹으려고 노력하는 날이었다. 그러나 일년이 지난 지금, 거리는 활발하긴 커녕 텅 비어 지나가는 개미 하나 찾아볼 수 없었다. 밖을 내다보던 엘리의 눈에 늦게 여문 감이라도 없을까 나뭇가지를 이리저리 뛰어다니는 까치가 보였다. 당연히 이 추위에 남아있을 과일은 없었기에 까치는 뛰어다니기만 할 뿐이었다.

"엘리!! 엘리!!"

쿵쿵거리는 소리와 함께 누군가 계단을 뛰쳐 올라왔다. 쿵 소리와 함께 열린 문 뒤에는 그녀의 친구, 사바나가 서 있었다. 불같은 성격을 가진 그녀는 급하게 엘리의 손에 무언가를 건네며 말했다.

"이거 봤어? 지금 네 약혼자가 간 곳에 폭탄이 떨어졌대!"

쿵, 들리지도 않은 폭발음이 들리는 기분이었다. 덜덜 떨리는 손으로 급하게 신문을 펴자 거기엔 옆 도시에 적국 정부가 폭탄을 떨어뜨리기로 결정했고, 정확히 2시간 전에 폭탄이 떨어졌다는 소식이 실려 있었다. 다리에 힘이 빠진 그녀는 그만 주저앉고 말았다. 사바나가 그녀를 부축했다.

"헉! 미안해 엘리, 네게 빨리 전해야 한다는 생각에 그만…, 네 기분을 생각하지 못했어…"

"아냐, 알려줘서 고마워, 사바나."

"아마 네 약혼자는 살아있을 거야."

"고마워, 그런데 혹시 혼자 있어도 될까?"

간신히 흘러내리는 눈물을 붙잡고 있는 그녀가 사바나에게 말했다. 망설이던 사바나는 엘리의 등을 몇번 토닥인 다음 조용히 방을 빠져나갔다. 그제서야 엘리는 참았던 눈물을 흘러내렸다.

다음날, 사바나는 혼자 있을 엘리가 걱정되어 그녀의 집으로 발걸음을 향했다. 그녀의 집에 도착하면 음식도 요리하고 난로에 불도 좀 때워야겠다는 생각에 다다를 즈음, 사바나는 길가에 서서 부지런히 움직이고 있는 엘리와 마주쳤다. 마주친 그녀의 얼굴에선 슬픔의 기색을 찾아볼 수 없었다. 오히려 굉장히 즐겁다는 듯, 나무 앞에 서서 분주히 움직이고 있었다.

"엘리…? 여기서 뭐해?"

사바나가 그녀를 향해 물었다. 뒤를 돌아본 눈이 사바나를 알아보고선 반짝 빛났다. 그녀가 입가에 미소를 지으며 말했다.

"잘 왔다, 사바나! 이 나무들이 너무 황량한 것 같아, 집안을 꾸밀 때 쓰던 장식들로 좀 꾸며보려고 했어. 여기 열매가 열린 것처럼 보이면 좋을 것 같아서, 근데 나는 여기 손이 안닿지 뭐야. 좀 도와줄래?"

얼떨결에 휩쓸린 사바나는 그녀가 나무를 꾸미는 것을 돕게 되었다. 한참 나무에 여러 장식과 전구를 매달던 즈음, 더는 궁금증을 참지 못한 사바나는 조심스럽게 엘리에게 물었다.

"엘리… 어제 일은 괜찮은 거야? 난 네가 걱정돼."

"하하, 사바나. 내가 정신이 나가기라도 했을까봐 걱정하는 거야? 걱정 마, 나는 멀쩡해. 단지 지금 당장 슬퍼하기보다는 그를 기억할 수 있는 일을 하고 싶을 뿐이야. 그와 보냈던 지난 크리스마스, 따뜻했던 크리스마스를 모두가 다시 기억해 줬으면 좋겠어. 내가 할 수 있는 건 이 나무들을 초라하게 보이지 않게 하는 게 전부지만 말이야…."

웃고 있지만 어딘가 슬퍼 보이는 엘리의 얼굴에 사바나는 잠시 입을 다물었다. 그리곤 팔을 걷어붙이며 엘리에게 말했다.

"그래? 그렇다면 최고로 멋지게 나무를 꾸며야겠네, 누가 더 예쁘게 꾸미나 내기할까, 엘리?"

"하하, 좋아 사바나!"

그날 저녁, 마을의 나무는 온통 붉은 장식으로 가득 차 반짝였다. 마치 겨울임에도 나무에 열매가 열린 것처럼, 붉게 빛나고 있었다. 엘리와 사바나가 시작한 나무 꾸미기는 점점 멀리 퍼져, 온 도시의 나무가 반짝이게 되었다. 그건 마치 봄이 일찍 온 것 같이, 밤새 도시를 환하게 비추었다.

엘리의 마을에서 멀리 떨어진 어느 병원, 한 청년이 창문 밖으로 반짝이는 나무를 힘겹게 내려다보았다. 온몸에 감긴 붕대 사이로 간신히 눈을 뜬 청년은 계속 계속 나무를 바라보았다.

'…약속할게, 이 겨울이 끝나면 네가 다시는 배고프지도, 굶주리지도 않을 그런 곳으로 떠나자. 나무에 사시사철 내내 열매가 열려 있는 그런 곳으로 떠나자.'

온통 붉은 열매가 매달려있는 그 나무는 마치,

'…나와 결혼해줄래? 엘리?'

그가 연인과 했던 약속과 닮아있었다.

수평선

티티카카의 모든 새벽은 언제나 소음과 함께 시작되었다. 마을의 하루는 새벽에 시작되어도 늘 모자랐다. 낡은 판자를 갈아 끼우는 소리, 무너진 부분을 보수하는 소리, 판자에 바를 방수제를 젓고 끓이는 소리는 늘 잔잔한 바다의 수면을 흔들어 아침을 알리고, 변함없이 내 잠을 깨우는 알림 역할을 해왔다. 창문 밖에 뜬 해는 점점 밝아지기 시작했고, 나는 일어나 가볍게 팔다리를 움직이며 잠을 쫓았다. 오늘은 아마 조금 특별한 하루가 될 것이니, 어머니가 깨우러 오기 전에 미리 한번 일어나보는 것도 나쁘지 않을 것이다. 이윽고 문 두드리는 소리가 들리고, 어머니께서 문틈 사이로 고개를 내미신다.

"딸, 어머, 벌써 일어나 있네? 웬일이야? 이건 좀 놀랍구나, 평소에는 해가 중천에 뜰 때까지 잠만 자던 녀석이."

말은 그렇게 하시지만 내가 일찍 일어난 것이 기쁘신 듯 어머니의 얼굴에는 미소가 걸려 있다. 아무리 평소에 잠든 나를 깨우는 일이 어머니의 일 중 꽤 어려운 편이긴 했지만 어머니가 이 정도로 놀라워하실 줄은 몰랐다.

"에이 뭐, 이런 날도 있어야죠. 이제 곧 성년식인 걸요."

우리 마을은 19세에서 20세로 넘어가는 날 어린아이들에게 보수공 칭호를 준다. 마을의 보호를 받던 어린아이에서 벗어나 마을의 무너진 곳을 보수하기 위한 일을 시작할 수 있는 날이 바로 성년식인 것이다. 성년식은 마을의 가장 큰 행사로 이날이 가까워지면 마을은 축제 분위기로 달아오른다. 아마 오늘도 축제 날을 완전히 즐기기 위해 미리 바닥을 보수하러 산더미처럼 많은 보수공들이 갔을 것이다. 사실 오늘 할 필요 없는 노동이지만 내일모레 시작되는 축제를 위해 자원해서 갔을 사람이 넘쳐났을 것이다. 아마 아버지도 거기 계시겠지.

"그래, 네 아빠도 기대 많이 하더라, 그 양반은 벌써부터 짐 챙겨 들고 보수하러 갔어."

어머니는 서랍을 열어 우비 하의를 꺼낸 뒤 내게 건네신다. 그 사이 나는 방수 장화를 꺼내 장화 바닥에 구멍이 뚫리진 않았는지 철저하게 확인한다.

"그래서 그런지 요새 나무 가시도 많이 없는 것 같은데요? 일주일이나 신었는데 장화가 멀쩡해요."

어머니는 기쁜 듯 웃으시며 상의를 마저 건네주셨다. 박음질이 새로 된 걸 보니 해초 수집공들이 새로운 해초 군락을 찾은 것이 틀림없다. 그렇다면 당분간 마을에서 옷감 걱정은 덜 해도 될 것이다. 장화 문제도 좀 해결되면 좋겠지만, 흔하게 자라지 않는 단단한 해초를 써야 하는 장화 특성상 그건 어려울 거다.

"네 아버지가 들으면 좋아하시겠네, 이제 나가려고?"
"네, 뭐 심부름 시키실 거 있으세요?"

심부름이라면 갓 15살이 되어 유지공 칭호를 받은 동생이 그 설렘으로 안달이 나 이미 다 해치웠다는 것을 알면서도 묻는다. 아마 걔는 아침 5시쯤 일어나 집안일을 모두 해치운 걸로도 모자라 마을 사람들 일까지 받으러 갔을 것이다.

“심부름은 무슨, 네 동생이 이미 다 해놨어. 이제 동생한테 우리 집 유지공 칭호를 빼앗기겠는데? 너도 저맘때 딱 그랬었는데.”

저 나이 때 아이들은 처음으로 마을을 위해 허드렛일 할 수 있는 유지공 칭호를 받고, 서로 누가 더 많이 마을을 위해 많은 심부름을 하였나 비교하는 것이 일상이다. 나도 칭호를 처음 받았을 땐 기뻐 어쩔 줄을 몰라 온 집안 밥을 다 차리겠다고 하다 태워 먹었었지. 다행히 동생은 집안일에 재능이 있어 걔가 어머니를 돕기 시작한 뒤로 음식이 나날이 맛있어지고 있다. 마지막으로 장화를 한 번 더 체크한 뒤, 어제 쓴 연구 일지가 든 가방을 가지고 현관문을 연다.

“오늘도 그분 댁에 가는 거니?”

어머니가 걱정스러운 표정으로 묻는다. 이제 저런 표정이 익숙해질 때도 됐건만, 아직도 설명해야 하는 건 좀 짜증이 난다.

“네, 새로 쓴 일지가 있어서요, 보여드리려고요.”

어머니는 여전히 걱정스러운 표정이지만 이윽고 빙그레 웃으시며 배웅하신다.

"그래, 잘 갔다 와."

어머니의 걱정 섞인 목소리를 뒤로 넘긴 뒤, 나는 장화를 꾹 눌러 신은 채 문턱을 넘는다. 문을 닫자마자 습한 바람이 얼굴을 스친다. 아직 아침 안개가 걷히지 않은 마을의 공기 사이로 파도가 부딪히는 소리가 간간히 들려온다.

마을 초입에 들어서자마자, 가장 먼저 눈에 띈 건 물속에서 고개를 내밀고 있는 보수공 아저씨였다. 몸 절반은 물에 잠긴 채, 한 손으로는 널빤지 밑을 받치고 남은 다른 손으로는 끓이고 식힌 지 얼마 안 된 게 분명한 방수 페인트를 바르고 있다. 아저씨도 오늘 일하실 날이 아니지만, 신나서 나오신 게 분명하다. 능숙하게 페인트를 칠하는 아저씨의 턱에 고인 물방울이 아침 햇빛을 받아 은색으로 반짝였다.

"여! 일찍 나왔네!"

아저씨가 눈을 찡긋거리며 소리친다.

"오늘은 축제 준비 때문에 다들 서둘러 움직이는 모양이더라. 이 배만 칠하면 끝인데, 물속이 생각보다 따뜻하네. 들어올래?"

아저씨가 한껏 장난스럽게 물었지만, 나는 손사래를 치며 웃고 지나쳤다. 조금 더 걸어가자 이윽고 드문드문 집들이 보이기 시작하였다. 대부분의 굴뚝에서 김이 모락모락 피어오르고 있었고, 맛있는 냄새가 사방에 풍겨 나갔다. 주막집 아주머니가 손을 흔드신다.

"얘야! 오늘도 그분 댁에 가는 거지?"

"네, 조금 있다가 가보려고요."

"그래, 그럼 이따 올 때 들러서 이것 좀 가져가, 조갯국인데, 지난번에 너희 어머니한테 받은 걸로 끓인 거라, 입 싹 닫기 미안해서 말이야."

아주머니는 보수공 자리에서 물러나신 뒤, 평생 하루도 앞치마를 벗지 않은 채 마을 사람들을 위해 식사를 준비해왔다. 그녀가 온 뒤로 보수공 식사 또한 일한 태가 잔뜩 났고, 옆에는 갓 지어낸 조갯국 냄새가 은근히 풍겼다. 나는 감사 인사를 드리고 발걸음을 재촉했다. 판자는 군데군데 들뜬 곳이 있었지만, 오늘 새벽 갈아 끼운 새 나무판은 확실히 바람에 덜 흔들렸다. 코너를 돌자, 무릎만 한 어린아이가 널빤지 한 무더기를 이고 달려와 부딪힐 뻔했다. 지난해 동생과 같이 유지공 칭호를 받은 민초다. 민초는 나를 보자 두 눈을 동그랗게 뜬 채 와다다 달려왔다.

"언니! 언니도 이제 널빤지 보수공 되는 거예요?"

"응? 아니야, 난 팔 힘이 모자라서. 아마 페인트 보수공이 되지 않을까?"

"에이, 설마요. 아빠가 그러는데 언니는 어릴 때부터 판자 보는 눈이 섬세해서 아빠가 기대하고 있었대요! 아, 나도 빨리 보수공 칭호 받으면 좋겠다!"

민초의 유지공 배지는 아직 깨끗한 채 반짝거리며 가슴팍에 매달려 있었고, 얼굴에는 톱밥이 묻어 있었다. 나는 민초의 머리를 쓰다듬으며 말없이 웃었다. 저 나이 때의 설렘을 너무 잘 알기에 괜히 마음이 간질거렸다.

마을 중앙이 가까워지며 공사하는 소리도 더욱 커져 간다. 마을 중앙 양식장은 한창 물고기를 수확하느라 바쁠 시간이다. 양식장 직원 중 누군가는 낡은 널빤지를 들어 올려

갈고 있었고, 또 다른 직원들은 다 같이 그물을 끌어올리고 있었다. 양식장 주변은 온갖 식당과 상점이 즐비한 우리 마을 최대의 번화가이다. 양식장을 중심으로 뻗은 여덟 개의 도로를 따라가면 마을의 각 구역으로 갈 수 있고, 다른 곳으로 가려면 반드시 양식장을 거쳐야 한다. 물고기를 신선하게 보급하기 위해선 어쩔 수 없는 선택이었다.

양식장 가운데 서서 마을을 찬찬히 둘러보았다. 이럴 때면 마을은 마치 수십 개의 톱니가 얽혀 돌아가는 기계가 된다. 모두의 삶을 위해 끊임없이 칙칙거리고 폭폭대며 돌아가는 기계. 그 시끄러운 광경을 보다 보면 내가 살아가는 마을이 어떤 곳인지, 또 내가 사랑하는 마을이 어떤 모습인지가 마음속에 강하게 새겨진다. 내 19년 인생 중 19년 전부를 살아온 장소이자 앞으로도 내 남은 인생을 살아갈 곳, 사랑하는 마을을 위해 보수공이 되어 방수 페인트를 바르거나, 낡은 곳을 수리하는 미래에 대한 생각을 한다. 그리고 어김없이 '그' 생각이 치켜든다.

생각을 떨치고 싶어 걸음을 재촉한다. 마을 끝 오두막에 도착해 문을 열자마자 십 년은 묵은 듯한 먼지가 코를 찔러온다. 아마 마을에서 제일 오래된 곳이어서 그런 것도 있겠다만은, 그것보다는 건물의 주인의 성정이 더 큰 이유를 차지할 것이다. 지난 3년 동안 청소를 하는 꼴이라고는 본 적이 없으니 말이다.

“할! 아! 버! 지! 저 왔어요! 산티아고 할아버지! 또 어디 계신 거예요!”

“시끄러워! 왔으면 바람 안 들어오게 빨랑빨랑 문이나 닫고 퍼뜩 들어와. 먼지 날린다.”

“할아버지가 청소를 안 해서 그런 거잖아요, 좀 해요.”

“흥, 이 마을을 청소해 대대손손 물려주겠다는 녀석들이 저기 판치는 데 뭔, 나까지 그럴 필요가 어딨어! 시덥잖은 소리 말고 일지나 내놔라, 네놈 성년식 하는 동안 읽어보게, 그리고 저쪽에 저거, 필요하면 가지던가!”

“헐, 제 선물 준비하신 거예요? 게다가 성년식 선물을요? 할아버지가 날짜도 기억 못 할 줄 알았는데.”

할아버지는 손에 쥐고 있던 서류로 머리를 가볍게 때린다.

“허튼소리하지 말고 가져가. 아, 저건 네 어미 아비 누구에게도 보이면 안 된다. 안 들킬 자신 없으면 그냥 여기서 읽어!”

"이게 뭔데요? 뭔데 이렇게까지 비밀스럽게…"
"펴 보면 안다."

할아버지의 여느 때와 다른 태도에 놀라 순순히 종이를 펼쳤다. 종이에는 낯선 그림과 처음 보는 기호들이 잔뜩 그려져 있었으나, 종이의 한가운데에 있는 팔각형만큼은 확실하게 알아볼 수 있었다. 이건 양식장이다. 그렇다면 이 종이는…

"설마 이거 지도예요, 할아버지?"
"반은 맞고 반은 틀렸다. 그건 설계도야. 티티카카를 이루는 배들의 배치도."
"설계도…? 잠깐, 저희 마을이 누군가에 의해 설계된 거란 말이에요?"
"그래, 너무 어린 시절이라 기억은 잘 안 나지만, 그건 대학생인지 뭔지 하나가 온난화… 뭐 그러니까 대충 미래를 위해 설계했던 도시의 설계도다. 배들을 엮고, 그 배 위에 널빤지를 엮어 안정적으로 만든 거지, 마치 땅처럼. 그러나 아무리 땅인 척해도 이건 배야, 서로가 서로에게 정합성을 준다고 해도 배라는 사실은 변하질 않지, 결국 서로에게 의지해 살아가고 있는 게다."
"잠깐, 그렇다면 왜 우리는 그걸 그동안 모르고 있었던 거예요?"

"딱히 특별한 이유는 없다. 다들 무언가를 알아가기보다 지금 눈앞의 삶에 집중하기를 택했을 뿐이야. 과거를 연구할 시간에 더 좋은 방수제를 만드는 것을 연구하고, 살아가는 세상이 어떤 모습인지 궁금해하기보단 지금 당장 눈앞의 땅을 보수하기를 택하지. 그러다 보니 자연스레 잊혔을 뿐이야."

"무슨 말인지 잘… 모르겠어요. 마을을 유지하는 것은 중요하고, 반드시 필요한 일이지 않나요? 유지공과 보수공이 사라진다면 저희 마을은 몇 주도 못 가 다 썩어버릴 거예요."

"이놈아, 그게 나쁜 거라곤 말한 적 없다. 다만 그것 말고 다른 것도 중요하다는 게야. '배'라는 건 말이다. 원래 어딘가로 항해하기 위해 만들어진 도구다. 미지를 향해 방향을 잡고, 호기심과 탐구를 원동력으로 삼고, 더 나은 삶에 희망을 걸면서 나아가는 게야. 배는 원래 그러기 위한 도구였다. 내가 너를 왜 오두막에 들였는지 아느냐? 이 마을을 살아가면서 수평선을 바라보는 거라고는 너 하나였어. 수평선을 바라보며 궁금해 죽겠다는 표정을 짓는 건 너 하나였지. 그래서 기회를 주고 싶었다."

언제부터 숨을 참고 있었는지도 모르겠다. 떠나고 싶었

다. 동시에 두려웠다. 할아버지의 숨이 멎는 듯한 기분이었다. 먼 곳을 향해 떠나는 내 모습 뒤로 떠오른 건 사랑하는 가족이었다. 나와 달리 수평선을 궁금해해 본 적이라곤 없는 가족, 나를 사랑하는 어머니와 아버지, 툴툴대면서도 계속해서 챙겨주는 동생. 다음으로 떠오른 것은 다음 주에 받을 보수공 직위였다. 우리 마을은 배다. 유지되기 위해 모두의 노력이 필요하다. 각자 자기 자리를 지키고 끊임없이 돌아가야 움직일 수 있는 기계다. 그런 내가 보수공이 되길 포기하는 건 이 마을을 배신하는 일이 아닐까? 내게 안정된 삶을 준 마을, 그리고 그 마을 사람들의 안정된 삶을 위해 내가 감당해야 할 것들. 만약 떠난다면 난 이 모든 것을 저버리는 걸 택한 걸까? 또한 무슨 일이 일어날지도 모르는데 이 삶을 포기하는 게 맞는 걸까? 이 삶은 노력만 한다면 안전하고 안락하다.

"할아버지… 전…"

"바로 뭔가 결정을 내릴 필요는 없다. 너를 떠나게 하지 못하는 훌륭하고 중요한 이유들이 반드시 있을 거야. 아니면 사소한 이유일 수도 있지. 나 같은 경우는 나이다. 어디론가 가고 싶어도 너무 늙어버렸어. 다만 수평선을 바라보던 너 자신을 잊지 말아라. 또 그 감정과 네가 남고 싶은 이유를 비교해서 확실하게 더 중요한 걸 정해. 그럼 결정은 자연스레 따라온다. 이제 그만 가라. 네놈 연구 일지 읽으려면 한세월이겠다.”

정처 없이 걷다 보니 어느새 양식장에 도착해 있었다. 양식장 아래의 물결은 이리저리 흔들리고 있었다. 갓 보수된 듯한 널빤지가 윤이 나게 반짝거리고 있었고, 그 사이로 바닷물이 반짝이게 찰랑이고 있었다. 바닥에서 눈을 들어 찬찬히 주변을 돌아보았다. 그렇게 얼마나 보고 있었을까, 어느새 붉은 햇빛이 길고 느리게 뻗어왔다. 붉은빛으로 일렁이는 바닷물을 보다 빛을 따라 고개를 들었다. 일몰 시간이었다. 바다 뒤로 넘어가기 직전의 태양은 가장 눈부시게 빛을 발한다고 한다. 눈을 들어 본 태양은 정말이지 눈이 멀 정도로 밝았다. 나는 그 자리에 서서, 태양이 질 때까지 눈을 떼지 않은 채 수평선을 바라보았다.

숲

달음박질치는 소리가 고요한 숲을 뒤흔들고 있었다. 피폭의 날 이후, 돌연변이로 가득해진 숲은 누구도 함부로 들어올 엄두를 내지 못하는 곳이었다. 그렇기에 이 숲에 들어오는 사람은 피치 못할 사정이 있거나, 숲보다 두려운 무언가에 쫓기고 있거나, 아니면 위험을 감수하고서라도 숲에서 얻을 것이 있는 사람밖에 없다. 이제 숲은 더 이상 인간에게 친절한 곳이 아니니까.

21세기, 놀라운 발전에 발전을 거듭하던 인류는 결국 자원 고갈이라는 크나큰 문제를 마주하였다. 서로의 자원을 뺏으려는 다툼은 일상사였고, 다툼은 점점 커져 결국 나라와 나라 간의 전쟁이 되고 말았다. 그러던 어느 날, 하늘에선 불꽃이 피어올랐고 바닥에선 먼지구름이 피어올랐다. 많은 사람이 죽게 된 그날, 더 이상 숲은 인간에게 친절한 곳이 아니게 되었다.

가장 먼저 생겨난 이상 현상은 엄청나게 빨라진 식물의 성장 속도였다. 새싹이 틀 때까지 일주일이 걸렸던 씨앗은 일주일 만에 나무가 되어 있었고, 나무들은 끝을 모르고 커져 갔다. 다음으로 생긴 이상 현상은 거대한 식충 식물이었다. 이제는 식인 식물이라 불러야 할 것 같은 그것들은 사람을 잡아먹을 만큼 커져 있었다. 그러나 무엇보다도 인간에게 큰 공포를 가져다준 건, 잡아먹은 사람의 모습을 그대로 흉내 내는 의태 식물이었다.

그러니까, 이 아이가 의태 식물을 품에 안고 달음박질치는 이 광경은 무척이나 놀라운 것이었다.

"헉… 헉…"

아이의 머릿속에선 숲에 들어오기 직전, 군인들이 했던 말이 재생되고 있었다.

'이런 젠장… 숲으로 들어갔다. 다들 멈춰!'

'하지만 대위님, 저건 지능을 학습했습니다…! 반드시 잡아야 해요!'

'젠장, 본부에 연락한다. 추가 지시 있기 전까지 꼼짝도

하지 마!'

'하지만…!'

들었던 말을 떠올려 보면 시간은 얼마 없을 것이다. 그 사이에 어떻게든 얼른 숨어야 했다. 수풀을 헤치고 깊게 들어가 숨을 곳을 찾으려 애썼다. 이상하게도 식물들은 품 안에 있는 아기는 해치려고 하지 않았다. 아마 아기의 일부분이 아직 초록색이어서 사실 식물이라는 것을 알아봐서일지 몰랐다. 겨우 적당한 곳을 찾아 아이와 아기가 몸을 숨기자, 기다렸다는 듯 군인들의 발소리가 들려왔다.

"…흡!"

괜찮아, 괜찮아. 어머니는 늘 위급한 상황에 처해도 침착하면 살아날 구멍이 있다고 하셨어. 괜찮을 거야, 아버지한테 이럴 때를 대비해 호신술도 배워놨잖아. 그러니까 괜찮을 거야, 괜찮을 거야, 괜찮을…

휙!

순식간에 수풀이 들춰지고, 그 사이로 우악스러운 손이

뻗어온다. 피를 철철 흘리고 있는 얼굴이 틈 사이로 고개를 내밀었다. 들켰다!

"여기 있습니다!! 여기 있어요!"

'안 돼, 제발 말하지 말아요!'

"아이와 의태 식물 모두 발견했습니다!"

'우리는 아무 잘못도 하지 않았단 말이에요!'

"식물 쪽은 의식이 없습니다! 쉽게 처리가 가능해 보입니다!"

'엄마는 우리도 사람이라고 했단 말이야!'

"신속한 처리 부탁드립니다!"

'왜 죽어야 하는 거야!'

어느새 한 무리의 군인이 몰려와 수풀을 에워싸 포위했다. 당장이라도 총을 쏠 듯한 몇몇 군인들을 향해 말리듯 손짓하며 한 군인이 앞으로 걸어나왔다.

"얘야, 이름이 뭐니?"

아이는 고개를 세차게 저었다. 입을 떼는 것조차 두려운 듯, 입술을 꾹 다문 채 고개만 흔들었다. 그 모습을 본 군인이 고개를 숙이며 말했다.

“무서워할 필요 없어. 우린 널 데려가서 보호할 거야. 하지만 의태… 아니, 아기는 위험해. 저건 인간을 흉내 내는 것일 뿐이야. 살아 있는 것처럼 보여도 저건 사실…”

숨조차 억눌렀던 아이의 눈에서 눈물이 흘러내렸다. 그때, 아이가 품에 안고 있던 아기가 아이의 눈가를 향해 슬며시 팔을 뻗었다.

“울…지…마.”

순간, 군인의 표정이 일그러졌다. 군인들은 술렁거리며 총구를 더 자세히 겨누었다.

“말… 했다고요…? 저게?”

술렁임이 커지는 가운데 누군가 외쳤다.

“지능 학습을 넘어 언어 능력까지…! 이건 위험합니다! 바로 사살해야 해요!”

아이는 비명을 지르며 아기를 더 꽉 끌어안았다.

“안 돼요! 얘 아무것도 안 했어요! 우린 사람 해친 적도 없고, 그냥… 그냥 제가 울어서, 제가 울어서… 그래서…”

눈물범벅인 채 아이가 아기를 내려다보았다. 아무것도 모르는 아기의 표정은 아이와 표정을 그대로 닮아 있었다. 슬픔, 두려움, 눈물… 마치 거울처럼, 아이의 표정을 그대로 반사하는 것 같았다. 군인이 윽박질렀다.

“저건 네 감정을 흉내 내는 거야. 네가 슬퍼하니까 슬픈 표정을 짓고, 네가 우는 소리를 내었으니까 우는 것뿐이야! 네 생체 신호를 그대로 학습하는 거야! 마치 사람처럼 보이도록. 착각하면 안 된단다, 얘야.”

아이의 손이 파르르 떨렸다.

“…그럼 저도 죽어요?”

“…뭐?”

“저도 다 따라 한 거잖아요. 엄마가 웃으니까 웃고, 아빠가 우니까 울고, 부모님이 말하니까 따라 말하고, 걷고, 떠

들고, 아파하고… 그런 거면 얘도 다르지 않잖아요. 왜 나만 살고 얘는 죽어요? 왜? 대체 왜요!! 대체 왜 저만!!!"

탕!

총소리가 울려 퍼졌다. 한 군인이 바들바들 떨며 총을 든 손을 내렸다. 아이는 더 이상 말이 없었다. 품에 안긴 아기의 울음소리가 크게 울렸다.

"전… 저는 아이가 대위님을 위협하려는 줄 알고, 그… 그래서"

잠시 바라보던 대위는 이윽고 표정을 굳힌 채 일어나, 발포한 군인의 어깨를 두드리며 뒤돌아 걸어 나왔다.

"신경 쓰일 일이긴 하지만 어차피 식물을 감쌌으니 처분 대상이었어. 큰 문제는 없을 거다. 나머지는 알아서 처리해."

대위는 현장을 뒤로 하고 걸어 나왔다. 그가 담배를 입에 물었다. 그렇게 해야만 생각이 좀 정리가 될 것 같은 기분이었다. 그러나 담배가 절반도 채 타지 않았을 때, 뒤에서 다급한 외침이 들렸다.

"대… 대위님! 이쪽으로… 이쪽으로 와 보셔야 합니다…!"
"뭔데 그렇게 호들갑이야?"
"그… 그게"

담배를 비벼 끈 대위가 이윽고 수풀을 헤치고 걸어 나왔다. 수풀을 헤치자, 그곳에는 아까 본 그대로 쓰러진 아이와 아기가 있었다. 대위는 잠시 어이없다는 듯 말을 이었다.

"뭐야, 달리 특별한 건 없는 것 같은데?"
"그게… 여길 보셔야 할 것 같습니다."
"이게 왜, 급소에 맞은 게 아니라 아직 살아 있기라도 한 거…"

대위는 숨을 들이켰다. 손으로 가리키고 있는 곳, 그곳엔

"이 아이… 아이도 식물이었습니다."

선명한 초록색의 피가 흘러나오고 있었다.

"전… 전 완벽히 인간인 줄 알았습니다…!"

병사는 뒷걸음질을 치며 중얼거렸다.

“말투도, 표정도, 숨 쉬는 방식까지… 완전히 똑같아서…”

옆에 있던 하사가 입술을 물고 말했다.

“대위님, 이 정도 수준이면 즉시 본부에 알리셔야 할 것 같습니다. 이렇게까지 똑같다면… 이미 우리 사회에도 많은 개체가 숨어들어와 있을 가능성이 큽니다.”

“하지만 하사님, 이건… 이건 아닌 것 같습니다.”

“닥쳐! 너도 이것들을 감싸다 죽을 셈이야?”

“히익! 저, 저는 그저 인간이랑 너무 똑같다고 생각해서… 그래서…”

두 병사에게서 시작된 소란은 점점 커져 이내 사방으로 번졌다. 온갖 곳에서 공포와 혼란에 사로잡힌 목소리가 울려 퍼졌다. 조용하란 대위의 지시도 소용이 없었다. 그저 점점 더, 점점 더 커진 목소리는 숲을 집어 삼킬 듯이 울려댔다. 그 소란 한가운데서 아이의 품에 안긴 아기는 여전히 울고 있었다.

주는 나의 하나님이시라 내가 주께 감사하리이다
주는 나의 하나님이시라 내가 주를 높이리이다
- 시편 118편 28절 -

박정수 편

입춘

열아홉의 가을, 링링은 매일 저녁 바닷가를 걷고 또 걸었다.

점점 겨울이 다가오고 있었다. 파도는 낮게 속삭이고, 바람은 아직 차가웠지만 그 속엔 이상하게도 가을이 아닌 봄의 냄새가 묻어 있었다.

"여기서 뭐 해?"

등 뒤에서 익숙한 목소리가 들렸다. 유연이었다. 같은 반, 옆자리, 그리고 요즘엔 바닷가에서도 자주 마주치는 친구.

"아, 그냥 생각 정리 좀 하려고."
"어떤 생각?"
"스무 살에 대한 생각."

링링이 신발을 벗고 파도에 발끝을 담갔다. 아직 차가운 바닷물이 종아리를 포근히 스쳤다.

"열아홉이란 게 이상해. 아직 어른도 아니고, 그렇다고 애는 아니고."

그녀의 말에 유연은 조용히 웃었다.

"입춘 같다."
"입춘?"
"겨울도, 봄도 아닌 애매한 사이. 근데 결국엔 봄이 오는 시간."

그 말에 링링은 저절로 고개를 끄덕였다. 살랑살랑 불어오는 차가운 공기가 머리카락 사이를 스쳐 지나갔다. 그 순간, 공기가 마음에 가득히 불어오는 걸 느꼈다.

"그런데 말이야."

유연이 모래 위에 앉으며 말했다.

"나도 요즘 생각해. 단단해진다는 게 뭘까, 어른이 되어간다는 건 뭘까?"

링링은 잠시 바다를 바라보다가 마저 대답했다.

"여린 마음이 벗겨지는 과정 아닐까? 슬프고, 시리고, 아플 걸 알면서도."

유연은 그 말을 듣더니 조용히 모래를 한 줌 쥐었다가 장난스럽게 흩뿌렸다.

"그럼 우리, 지금 단단해지고 있는 거네!"

그날, 링링은 처음으로 누군가에게 공감받는 기분을 느꼈다. 늘 시끄럽게 물장구를 치던 마음이 조금씩 가라앉고, 대신 작고 단단한 무언가가 가슴속에 자리 잡는 기분이었다.

밤이 깊어지자, 바다는 검은색에서 은빛으로 변했다. 달빛이 파도 위를 부드럽게 스쳤다. 링링은 손을 뻗어 그 빛을 잡으려 했다.

“언젠가 진짜 봄이 오면,”

링링이 속삭였다.

“그때 나는 이 파도에 손을 내밀 수 있을 것만 같아.”

유연이 대답했다.

“그때쯤이면, 우리 둘 다 단단해져 있겠지.”

그들은 말없이 바다를 바라봤다. 차가운 파도는 여전히 발목을 적셨지만, 이상하게 마음만은 따뜻했다.

그 밤, 링링은 처음으로 열아홉의 마음을 사랑스럽다고 느꼈다. 아직 여리고, 흔들리고, 완벽하지 않은 그 계절을.

그리고 마음속으로 다짐했다. 언젠가, 봄이라는 파도가 찾아오면 그 파도에 환하게 웃으며 손을 꼭 내밀겠다고.

열아홉의 가을에서.

사랑하지 않을 수 없는 것들에 대해

오늘은 유난히 맑은 날이다.

햇살은 부드럽게 사람들을 내리쬐고, 구름은 몽실몽실 자유롭게 흘러간다. 버스 창가에 앉은 나는 하늘을 바라보다가 나도 모르게 한가득 미소를 짓는다.

"이런 날씨는 사랑하지 않을 수가 없다."
"이런 좋음은 쓰지 않을 수 없다!"

펜을 쥔 손이 버스의 흔들림에 따라 가볍게 떨린다. 글씨가 삐뚤어질 때마다, 나는 작게 웃었다. 오늘은 버스의 흔들림 하나하나가 다 버스가 치는 장난처럼 느껴졌다.

창문 너머로 따뜻하고, 매캐한 먼지 냄새가 섞인 바람이 불어온다.

이상하게도 먼지가 섞여 텁텁할 텐데, 그 냄새 하나로 텁텁하고 어두웠던 마음이 자연스레 맑아졌다.

버스가 신호에 멈추자, 나무 사이로 빛이 스며든다. 그림자들은 동그랗게 나무의 속마음을 비추며 늘 이래왔다고 당당하게 주장한다. 동그랗게. 나무 아래엔 아이 하나가 아이스크림을 들고 서있었다. 근데, 분명 아무 일도 아닌 그저 지극히 일상적인 풍경이었을 뿐인데, 그 순간 나의 세상이 고요하게 멈춘 듯했다.

정류장이 가까워오자 펜을 다시 들었다, 공책의 마지막 줄에 천천히 적었다.

[내가 좋아하는 건 화창한 날씨. 아니, 난 모든 것을 사랑하지 않을 수가 없다.]

버스에서 내리자 바람이 얼굴을 스쳤다. 햇살은 눈부셨고, 하늘은 구름 한 점 없이 파랬다. 나는 잠시 멈춰 숨을 들이마시며, 이어폰 너머로 들려오는 리듬에 맞춰 아주 조용히 흥얼거렸다.

또 여호와를 기뻐하라

그가 네 마음의 소원을 네게 이루어 주시리로다

- 시편 37편 4절 -

안희찬 편

개미의 집은 고작 한 평

내 꿈은 오랫동안 축구선수였다. 초등학교 축구부에서 코치님의 칭찬을 들으며 자랐고, 그 시절의 나는 누구보다 자신감이 넘치던 아이였다. 함께 축구를 배운 지성이도, 홍민이도, 강인이도 모두 내 발끝을 따라오지 못했다. 내 세상은 온통 축구였고, 축구는 곧 내 세상이었다. 시간이 흘러 초등학교를 졸업할 무렵, 나는 국가대표 출신 코치가 지도하는 명문 축구부에 입단했다. 나는 초등학교 대회를 휩쓴 '무패 우승 신화의 주역'이었기에 세상에 무서울 것이 없었다. 그러나 세상은 넓고, 천재는 많다고 했던가. 나는 그동안 경험해 본 적 없는 수준의 경기 속에서 처음으로 거대한 벽에 부딪혔다. 공이 오면 늘 하던 대로 드리블을 시도했지만, 매번 상대 수비에게 가로막혔다. 신입이라며 받았던 많은 공격 기회도 점차 줄어들었다. 심지어 시간이 지나자 선발 라인업에서 제외되어 벤치에서 경기를 시작하는 날도 점점 많아졌다.

"처음이니까 그렇겠지. 적응하면 괜찮아질 거야."

그렇게 스스로를 다독였지만, 씁쓸하고 공허한 마음은 좀처럼 가라앉지 않았다. 그날도 여느 때처럼 경기에 거의 뛰지 못한 채 터덜터덜 집으로 돌아가는 길이었다. 길가에는 유치원생쯤 되어 보이는 아이들이 개미굴에 물을 붓고 있었다. 흔한 장난이라 생각하며 지나치려던 순간, 문득 신발 옆을 스쳐가는 개미 떼가 내 발걸음을 붙잡았다. 개미들은 아마 자기들만의 왕국에서 세력을 키우며 그 누구도 자신들의 강한 왕국을 무너뜨릴 수 없다고 믿었을 것이다. 그들에겐 세상이 그 한 평 남짓한 흙더미였을지도 모른다. 그러나 아이들이 쏟은 물 한 바가지에, 그렇게 강하던 왕국은 순식간에 흔적도 없이 무너졌다. 나는 한때는 내 세상의 전부였던 작은 운동장이 개미의 집을 닮았다는 생각이 머릿속에 맴돌았다. 나는 그 모습을 한참 바라보다가, 씁쓸한 마음을 뒤로 한 채 한동안 멍하니 그 길을 걸어갔다.

또 주께서 우리가 너희를 사랑함과 같이
너희도 피차간과 모든 사람에 대한 사랑이
더욱 많아 넘치게 하사
- 데살로니가전서 3장 12절 -

이슬 편

숭늉

숭늉은 무엇도 버리지 않는다.

우리 집은 아침마다 숭늉 냄새로 데워졌다. 할머니는 남은 밥을 곱게 갈아 숭늉 가루를 만들어 두셨고, 엄마는 그 가루에 물을 부어 은근한 불에 올렸다. 아침이면 뽀얀색의 숭늉이 조용히 끓고 있었고, 식탁 위엔 아무 말 없이 작은 국그릇 하나가 놓였다.

누군가는 긁어내 버릴 것들이다. 냄비에 눌러붙은 밥, 다 쓴 줄 알았던 찌꺼기. 하지만 우리는 그것들을 버리지 않았다. 한데 모아 물을 붓고, 다시 불 위에 올렸다. 그렇게 만들어진 숭늉은, 오히려 처음보다 더 구수한 맛을 냈다.

생각해 보면, 우리 삶에도 그런 순간이 있다. 끝난 줄 알았던 관계, 실패했다고 단정 지은 일, 지우고 싶었던 기억들. 버릴까 말까 오래 붙잡고만 있던 감정들. 그 모든 것을 조용히 끌어안고, 거기에 다시 끓는 물을 붓는 일. 숭늉을 끓이는 일은, 그런 삶의 자세와 닮아 있었다.

숭늉은 말없이 마음을 전한다. 엄마는 한 번도 "사랑해"라는 말을 잘 하지 않았다. 대신 조용히 그릇을 내밀었다. 가장 단순한 재료, 가장 조용한 방식, 가장 소박한 온기. 엄마의 사랑은 말보다 깊었고, 숭늉은 그 침묵의 표현이었으리라.

어릴 적 나는 그것을 몰랐다. 입맛도 없고, 마음은 늘 급했기에, "한 숟가락만 먹고 가"라는 말이 귀찮기만 했다. 그때는 아침이 서두름의 시간이었다. 학교 버스가 올까 봐, 시험 공부가 덜 끝났다고 조바심이 나서. 나는 늘 허겁지겁 숟가락을 들었고, 그마저도 반쯤 남긴 채 뛰쳐나가곤 했다. 그런데 지금은 안다. 그 한 숟가락 안에 마음이 담겨 있었다는 걸. 엄마는 밥보다 마음을 먼저 데우고 있었던 것이다.

사랑은 늘 늦게 따라온다. 우리는 대개 사랑이 지나간 자리에 서서야, 그것이 사랑이었음을 안다. 숭늉은 그런 식으로 나를 데운다. 그때는 몰랐지만, 시간이 지난 지금에서야 서서히 배어든 온기를 느낀다. 라면은 인생을 끓인다. 하지만 숭늉은 인생을 식지 않게 지킨다. 빠르게 끓는 대신, 오래 우러나고, 뜨거운 맛 대신 은은한 온기를 남긴다. 누구에게나 그런 음식이 하나쯤 있을 것이다. 먹은 줄도 몰랐는데, 문득 그리워지는 맛. 숭늉은 나에게 그런 음식이다.

그렇게 생각하면, 숭늉은 단순한 음식이 아니다. 숭늉은 남겨진 것들로 만든 '두 번째의 기회'다. 버려도 되었을 재료로부터 시작된, 가장 진한 맛. 그래서일까. 나 역시 삶에서 지워지고 싶었던 순간마다 숭늉을 떠올렸다.

나는 두 번의 수능을 치렀다. 모두가 아는, 그 말간 긴장과 후회의 시간 속에서 아침과 점심 사이의 공백을 채워주던 건 늘 숭늉 한 컵이었다. 속이 편해졌고, 마음이 가라앉았다. 숭늉은 늘 그렇다. 조용히 앞에 놓이지만, 묵묵히 나를 감쌌다. 지친 시간에 찾아온, 말 없는 위로였다. 이제는 안다. 숭늉은 쌀과 물만으로 이루어진 것이 아니다. 그 속엔 놓지 못한 마음, 지나간 온기, 그리고 다시 끓여보고 싶은 어떤 감정이 들어 있다. 숭늉은 무엇도 버리지 않는다.

그래서 나도, 나를 버리지 않기로 한다.

우리 오늘을 살아내고 내일로 가자

하이얀 모시 옷을 입고 저 큰 나무 아래에 몸을 뉘이면 산들 바람이 살랑 불어온다. 해는 기울어가며 나뭇잎 사이로 금빛이 흘러넘친다. 바람 속에는 오래된 흙 냄새와 막 피어난 풀잎 냄새가 함께 온다.

언니, 내 평생의 소원이 하나 있었어. 나는 무덤 속에서 살고 싶었어. 무덤처럼 조용하고 고요한 곳에서 잔잔하게. 내 위의 이 큰 버드나무 보이지? 저 나무 아래 몸을 뉘이고 눈을 감으면 그보다 더 큰 황홀은 없을 것 같았어. 내 삶이 이 땅에, 이 흙에 모두 다 녹아내리면 내가 가진 남은 것을 아주 잘게 부수어 보낼 수 있다고 생각했거든. 그렇게 다 스미고 날리면 내가 가진 짐은 아무 것도 없을 테니까, 그보다 나은 게 있을까?

그런데 언니, 언니와 있으면 빗길을 걸으면서도 참 평안을 느껴. 죽음이 아니라 삶 속에서 처음 고요를 느꼈어. 삶이 아주 분주한 와중에도, 누구도 나를 흔들지 않고, 아무도 나를 요구하지 않으며 조용히 비가 내리던 그날. 꿈꾸던 무덤에 도달한 줄 알았지만 무덤처럼 완전히 고립된 평화가 아니라 살아 있는 고요였어. 처음으로 살아 숨 쉬는 평화였어.

무릇 세상을 살아간다는 건, 죽어가는 고요에 맥을 짚고 숨을 불어넣고 그러면서도 살아 있는 고요를 견디고 품는 일인지도 모르겠어. 이 편지가 작별의 인사인지, 안부의 기도인지 지금 나조차도 헷갈리는데 다만 이 한가지는 확실해. 이 편지가 언니에게 닿기를.

이제야 알겠어. 내가 평생 찾아 헤매던 언니가 처음부터 나였다는 걸. 언니, 나는 여전히 그 아주 가끔 달콤한 순간을 기다리며 살아. 하지만 덕분에 이제는 다른 누군가가 주는 아주 가끔을 기다리지 않고도 내 안에서 매일 작고 따스한 햇살을 만들 수 있어.

– 내 아주 오랜 친구이자 언니, 그리고 동생인 슬이에게.

우리 오늘을 살아내고 내일로 가자.

동그라미

"슬아, 아침 먹어라!"

잠에 취해 있던 나는 밥을 먹으라고 부르는 엄마의 목소리에 겨우 눈을 떴다. 눈을 뜨니 동그란 알람시계가 울리고 어디선가 고소한 참기름 냄새가 은은하게 풍겨오고 있었다. 시간을 확인하니 시간은 8시를 갓 넘은 시간이었다. 졸린 눈을 비비며 방문을 여니 눈앞에는 열심히 김밥을 말고 있는 엄마의 모습이 보였다. 그 옆에는 참기름을 발라 윤기가 잔뜩 흐르는 김밥이 쌓여 있었다.

"누구 도시락 싸려고? 김밥을 왜 이렇게 많이 했어?"

"그냥 간단하게 밥 먹으려고~"

"이 양이 간단한 양이야? 이거 다 하려면 두 시간 전부터 준비했겠는데?"

"어서 앉아서 먹어~"

식탁 위에는 예쁘게 썰린 김밥 한 줄이 접시 위에 가지런히 올라와 있었다. 문득 엄마의 옆을 보니 쟁반에 이미 몇 줄의 김밥이 가지런히 정리되어 있었다. 김밥이 서걱서걱 썰리고 동그란 단면이 보이자 괜시리 기분이 좋아졌다. 내가 싫어하는 오이는 빠져 있었고, 내가 좋아하는 햄이나 달걀과 같은 재료들이 많이 들어있는 김밥이었다. 어느덧 동생도 교복을 입고 나와 식탁 한쪽에서 김밥을 우걱우걱 먹기 시작했다. 우리가 김밥을 먹고 있는 모습을 보며, 엄마는 남은 김밥을 손질해 몇 줄은 아빠의 도시락통에, 몇 줄은 엄마의 도시락통에 담았다. 출근하는 길에 새벽 일찍 일을 나간 아빠에게도 도시락을 전해주고, 또 회사에 가서 엄마의 동료분들과 함께 김밥을 나눠 먹으려나 보다 생각했다.

"엄마 회사 다녀올 테니까, 먹은 거 설거지만 좀 해놔~"
"다녀와~"
"지각하지 않게 빨리빨리 움직이고~"

동생을 학교에 보내고 싱크대 앞에 서니 설거지 거리라고는 나와 동생의 김밥을 담았던 그릇과 우리가 쓰던 젓가락 정도만 있었다. 그새 엄마가 엄청 고생했겠구나 하는 생각이 들어 코끝이 찡해오는 것 같았다.

설거지를 마치고 잠시 바람을 쐬러 집 앞을 걸었다. 날이 따뜻해진 덕분일까, 아니면 아침에 먹은 김밥 덕분일까. 산들산들 불어오는 바람이 나를 포근하게 감싸 안는 것 같았다. 구름 한 점 없는 하늘처럼, 내 마음도 한껏 맑아지는 아침이었다.

엄마처럼 세상을 둥글게 품는 사람이고 싶다. 동그라미처럼 모난 것 없는 이가 되어야지.

생각하며 살지 않으면 사는 대로 생각한다

- 폴 부르제 -

전한결 편

소설1

이 자리를 지킨 지 어느덧 20년. 금강로 15번길에서 가장 오래된 나는 쉼없이 이 거리를 지켜왔다. 내 일과는 주로 이렇다. 낮에는 딱히 하는 일 없이 빈둥빈둥거리며 지나가는 사람들을 관찰하고 지켜본다. 원래 사람 구경이라는 게 제일 재미있는 것이다. 하루 동안 수많은 사람들이 지나가지만 다 각자만의 이유로 바쁘게 움직인다. 나는 밤이 되어서야 본격적으로 일을 하기 시작한다. 이 주변에서도 유독 어두운 밤길이라고 불리는 금강로 15번길의 안전을 위해 불을 밝힌다.

사실 오는 전기에 맞춰 스위치만 열어주면 되는 단순한 일이지만 삼호빌라, 금호빌라를 더불어 이 거리에 사는 사람들에게는 꼭 필요한 존재이다. 다들 나를 '가로등'이라고 부르는데, 난 저 이름이 마음에 들지 않는다. 일반적이지 않으면서도 독특한 이름을 갖고 싶다. 하지만 내 맘을 누가 알아

줄까. 20년째 '이' 가로등 '저' 가로등이라 부르며 금강로 15번길에 있는 나랑 똑같이 생긴 애들이랑 별반 다를 것 없이 봐준다. 해 뜨기 전까지 내가 해야 할 일을 한다. 그 시간 동안은 아무도 없는 거리에서 혹시나 모를 위험을 위해 불을 켜고 있다. 누구도 봐주지 않아도 오늘도 그저 최선을 다할 것이다.

5시 30분쯤이면 나는 가장 설레는 마음으로 누군가를 기다린다. 키는 150cm가 채 안되고 매일매일 뽀글하게 세팅된 파마를 하고, 커다란 수레를 끌고 다니는 사람이 있다. 나이는 83세쯤 된 야채 파시는 할머니이시다. 다들 할머니를 '오뚜기' 라고 부른다. 십몇 년 째 다사다난한 인생을 지나도 굳건하게 매일 이 자리를 지키는 모습이 마치 오뚜기 같기 때문이다.

그렇다고 사람들이 할머니를 좋아하지는 않는다. 몇 년 전부터 치매 증상이 심해지셔서 사람들에게 함부로 말하기도 하고 지나가는 사람들에게도 귀찮게 하기 때문이다. 웬만하면 할머니가 계신 곳은 피해서 가려고 한다. 하지만 그래도 나는 할머니가 오시는 시간이 제일 설렌다. 유일하게 나에게 말을 걸어주는 사람이기 때문이다. 따뜻한 말 한마디와 손길이 다시 나를 버티게 해주는 힘이 된다. 물론 나는 흔히 말하는 가로등이기 때문에 할머니에게 어떠한 반응을 해드리지는 못한다. 늘 죄송한 마음이다. 그래도 할머니는 내 마음을 다 알 것이다. 18년 동안 보다 보니 말하지 않아도 진심이 통할 것이라 믿는다. 오늘도 어김없이 끼익끼익 거리며 수레를 끌고 오신다. 누가 봐도 할머니다. 할머니는 내 바로 옆에 자리를 잡고 오늘 팔 야채를 나열한다. 나열이 끝나면 나를 도닥여 주며 '수고가 많아, 오늘도 잘 부탁한다' 하시며 장사를 시작한다. 마음이 따뜻하지 않을 수가 없다.

오후 2시경, 경찰차 한 대가 도착했다. 사이렌을 켜지 않고 온 걸 보니 또 할머니 때문인가 보다. 불과 몇 분 전 지나가는 김씨 아줌마와 말다툼을 했다. 말다툼의 원인은 딱히 없었다. 할머니는 그냥 지나가는 김씨 아줌마에게 시비를 걸었다.

"할머니 또 이러네. 집에 가서 쉬지 왜 나와서 사람을 짜증 나게 만들지?"

그때부터 말싸움이 시작되었고 경찰까지 오게 된 것이다. 오늘도 어김없이 남자 경찰 한 명과 여자 경찰이 할머니에게

다가왔다.

“할머니 여기서 장사하시면 안되요.”

말싸움 때문에 왔지만 치매 걸린 할머니를 타이를 수 있는 말은 장사 금지였다. 아무리 이야기해도 할머니의 난폭한 성격이 고쳐지지 않았기 때문이다.

“내가 평생을 여기서 장사 해왔는디, 너거들이 왜 날 막어.”

할머니의 언성이 높아졌다. 매일 보는 경찰들을 기억 못하는 듯하다. 할머니는 있는 힘 없는 힘 다 모아, 힘든 몸을 일으켜 세웠다. 그러고는 어제처럼 할머니의 지팡이로 경찰들을 몰아냈다. 경찰들은 한숨을 푹 쉬며 익숙하다는 듯이 경찰차에 올라탔다. 이런 할머니를 볼 때마다 마음이 너무 아프다. 예전에는 누구보다도 선하고 모든 사람들에게 잘 대해주셨는데. 세월이 야속하기만 하다. 시간이 되었다. 할머니는 오후 5시면 짐을 후다닥 챙기고는 “수고 많았대이.”라는 말 한마디와 함께 빠르게 어디론가 가신다. 어디로 가는지 알 방법은 없지만 할머니에게는 뭔가 중요한 일 같았다.

대략 12시간이 지났다. 오늘도 할머니를 기다린다. 이때를 위해 새벽 동안 열심히 일했던가. 5시 30분이다. 할머니가 늘 등장하기 시작하는 골목의 코너를 바라본다. 이상하다. 5시 30분만 되면 금강로 15번길에 등장하는 할머니가 보이지 않는다. 요동치는 수레소리가 10분이 지나도 들리지 않는다. 그저 새벽 공기가 삼호빌라 308호 창문과 하이파이브하는 소리만 들릴 뿐이다. 이상하다. 할머니는 장사를 시작하고 한 번도 장사를 쉰 적이 없다. 어떤 이유도 할머니를 막을 수 없었다. 걱정되기 시작했다. 30분쯤 지났을까 할머니가 늘 등장하는 골목에서 인기척이 나기 시작했다. 할머니가 드디어 오신 것일까 하는 마음에 소리 나는 곳만 뚫어져라 쳐다보고 있었다.

무언가 보이기 시작했다. 누군가 코너를 돌아 이 골목에 들어서기 시작했다. 하지만 기대와는 달리 내가 할머니라 생각했던 사람은 이 골목 끝에 있는 칼국수집 사장님이었다. 오늘따라 유독 칼국수가 싫다. 사장님은 나에게 아무 해코지도 하지 않았는데, 그냥 밉게만 느껴졌다. 몇 시간이 지났다. 사람들이 바쁘게 움직이고 부산하게 어디론가 향한다. 원래라면 할머니와 점심을 먹을 시간인데 어쩌다 보니 오늘은 혼자다. 결국 오늘 할머니는 오시지 않았다. 처음이다.

할머니 없이 보낸 하루는. 할머니의 그 따뜻한 한마디가 없는 하루가 얼마나 외롭고 쓸쓸한지 처음 느꼈다. 내일은 오시겠지 하며 차가운 새벽을 버텨본다.

오늘은 오시겠지 하며 할머니를 기다린지 어느덧 일주일째. 지나가는 사람에게 할머니의 안부를 물어보고 싶은 마음이지만 그럴 수 없다는 것이 너무 힘들었다. 일주일 동안 할머니의 야채를 사기 위해 내게로 온 사람들이 있다. 하지만 그럴 때마다 뭐라 하지 못하고 발걸음을 돌리는 사람들을 바라만 볼 수밖에 없었다. 그들도 할머니가 어디로 간지 모르는 거겠지? 미용실을 하는 딱다구리 아줌마와 남편이 지나간다.

"아 맞다, 여보, 여기서 장사하던 할머니 있지? 병원에 실려갔다가 며칠 안되서 돌아가신거 같다던데?"

남편은 별 일 아닌 듯이 말했다

"그래? 뭐 이 골목에서 시끄럽게만 하더니. 결국 그렇게 가셨구만?"

나는 충격에 빠질 수밖에 없었다. 내가 놀란 이유 첫 번째는 무엇보다도 나의 유일한 친구였던 할머니가 돌아가셨다는 것이었다. 십몇 년 동안 나의 옆을 지켜주었던 사람이 사라진 것이다. 난 이별을 처음 해보았다. 그것도 이렇게 오랫동안 함께 했던 사람을 떠난 보낸 것은 더더욱 처음이다. 받아들일 수 없을 만큼 마음이 아팠다. 두 번째로 놀랐던 것은 아줌마와 그 남편의 반응이었다. 사람이 죽었는데 어떻게 저런 반응을 할 수가 있지? 내가 살아가고 있는 세상이지만 인간들은 왜 이리도 차가운 것일까. 사람들에게 가졌던 기대가 모두 깨지는 순간이었다. 그들에게 할머니는 그런 존재밖에 되지 않았을까. 난 그저 할머니가 좋은 사람, 필요한 사람이었다고 생각하는 사람이 누군가는 있겠지 하며 홀로 이 거리를 지킬 뿐이다.

하나님이여

주의 생각이 내게 어찌 그리 보배로우신지요

그 수가 어찌 그리 많은지요

-시편 138편 17절-

조민주 편

옆구리 터진 김밥도 괜찮아

"… 너 또 가장 좋아하는 음식이 김밥이라고 했다가 주변 사람들한테 비웃음 당했다면서?"

시간은 어느덧 해가 뉘엿뉘엿 저무는 오후. 대부분의 학생은 밥을 먹으러 학생 식당으로 향했겠지만 나와 내 가장 친한 친구인 윤아는 교내 카페에서 오랜만에 만나 여유롭게 차를 마시며 즐기고 있었다. 참 너도 별나다며 한 소리 하자 그제야 윤아는 입꼬리를 예쁘게 말아 올리며 웃곤 담담하게 대답했다.

"그야, 내가 가장 좋아하는 음식은 김밥이니까. 거짓말은 하면 안 되잖아."

그렇다. 내 가장 친한 친구 윤아의 최애 음식은 김밥이다. 이 사실은 우리가 중학교 3학년 때 처음 만난 순간부터 단 한 번도 변함이 없었다. 물론, 대부분의 사람은 이런 윤아를 이상하다며 웃음거리로 만들기도 했다. 이런 윤아가 이해가 완전히 되었던 것은 당연히 아니다. 나도 처음 이 이야기를 들었을 때는 배꼽이 빠지라 웃었으니까. 하지만 이제는 다르다. 그 속에 담긴 의미가 얼마나 깊은지 알게 되었기 때문이다.

때는 고등학생이 되고 처음 모의고사를 본 당일 오후. 모의고사가 모두 끝나고 아이들은 이미 진작 짐을 싸고 하교를 마쳤는데 나는 빨간 색연필을 들고 손을 부들부들 떨고 있었다. 빨간색 동그라미가 가득 차 있어야 할 내 시험지에 빨간색 비가 내리고 있었기 때문이다. 그리고 그 상황은 윤아도 별반 다르지 않았다. 내가 시험지를 손에 움켜쥐고 가만히 있으니, 윤아는 그제야 괜찮냐며 나의 상태를 체크했다. 하지만 난 그 말에 차마 대답하지 못하곤 눈물을 흘릴 수밖에 없었다. 중학생 때부터 나도 윤아도 공부를 못 하던 편은 아니었다. 그래서 고등학생 시절에도 쭉 그러기를 바라며 모의고사를 정말 열심히 준비했었다. 어쩌면 그렇기에 좋은 결과가 당연히 나와야 한다고 믿고 기대했던 것 같다.

억울함, 슬픔, 짜증 등의 감정이 가슴 한편에서 흘러나와 시험지 위에 뚝뚝 소리를 내며 떨어졌다. 처음 느껴본 실패의 감각에 바보같이 울고만 있는 나를, 윤아는 묵묵히 바라보았다. 그리고 조용히 입을 열었다.

"… 내가 김밥을 왜 좋아하는지 알아?"

"뭐? 내가 그걸 어떻게 알아?"

너무 어이가 없어 잔뜩 짜증이 섞인 말투로 윤아에게 대답을 한 후 난 눈물을 대충 쓱쓱 닦고 윤아를 바라보았다. 그런데, 내 앞에 있던 윤아의 표정이 걱정하는 것도, 짜증난 것도 아니고 오히려 엄청 차분해서 난 윤아를 넋 놓고 바라볼 수밖에 없었다. 그런 날 몇 초 정도 바라보곤 윤아는 자신의 이야기를 시작했다. 윤아는 어렸을 때 완벽함에 집착하는 아이였다고 한다. 받아쓰기든 쪽지시험이든 그녀는 항상 1등이었고 그런 삶이 언제까지고 이어질 것으로 생각했다고 한다. 하지만 실패는 아주 갑작스럽게 윤아에게 찾아왔다고 한다. 초등학교 6학년, 학교에서 하던 김밥 조리 실습 시간에 윤아는 김밥을 말다가 옆구리를 터트리고 말았다. 물론, 다른 친구들은 괜찮다며 윤아를 격려했지만, 윤아는 완벽주의 성향이 있었기에 그 김밥이 그 어느 것보다도 실패작인 것 같았다고 한다. 그런데 그때 갑자기 윤아의 눈에 당근, 단무지, 햄 등의 부서지지 않은 김밥의 재료들이 들어왔다.

“비록 김밥은 터졌지만, 재료들은 그대로 남아있다는 사실을 난 잊고 있던 거야. 실패하면 어때? 미끄러지면 어때? 우리가 지금까지 했던 노력은 사라지지 않아. …그걸로도 괜찮지 않을까? 우리에게 다음이 없는 것도 아니고.”

그 이야기를 듣자 나는 비로소 윤아의 평온한 표정의 의미를 이해할 수 있었다. 실패한다고 끝인 것이 아니다. 시험 성적이 나빠도 그동안 해오던 노력은 변치 않고, 취업에 빈번히 실패해도 그동안 배워온 것들은 어딘가로 사라지지 않는다. 그간 내가 해왔던 방식대로, 다시 힘을 내 앞으로 나아가면 되는 것이다. 그 사실을 깨닫자 비로소 나는 웃을 수 있었다. 그리고 지금도 가끔 그 사실을 떠올리고 웃으며 앞으로 나아가고는 한다.

어느덧 해는 다 저물고 창밖의 하늘은 주황빛으로 물들여지고 있었다. 내 배에서 꼬르륵 소리가 나자, 윤아는 쿡쿡 웃으며 무엇을 먹을 것이냐며 내게 물었다. 답은 당연히 정해져 있었다.

"같이 김밥 먹으러 가지 않을래? 옆구리 터진 김밥이면 더 좋고."

그 말에 윤아는 크게 웃음을 터트리며 고개를 끄덕였다. 당분간 실패가 두렵지 않을 것만 같은 기분이 들었다.

내가 너희를 생각할 때마다 나의 하나님께 감사하며

-빌립보서 1장 3절-

최혜수 편

다시 오지 않을 내일을 위한

아침 6시 40분, 누구에게는 이르고, 누구에게는 늦은 시간. 어제와 같은 하루, 높은 하늘과 선선한 바람이 나를 감싸 안는다. 언제 묻힐지 몰라 열심히 지저귀는 새와 잔잔한 바다에 강한 물결. 이때 나는 홀로 벤치에 앉아 푸르른 세상을 붉게 물들이는 바람에 몸을 맡기며 온 세상을 새 하얗게 뒤덮던 시절이 내 기억 깊숙이 자리잡는다.

한적한 거리, 한 없이 낮은 자(姿)로 감히 고개를 들어 경외심을 표한다. 나뭇잎 사이로 비치는 흐르는 빛을 온몸으로 받으며, 하루하루 지나가는 시간 위에 슬며시 걸음을 놓는다. 언제는 홀로, 어떤 날은 둘이서, 어쩌면 그보다 많이. 뺨에 스치는 바람을 느끼며 길을 따라 걸어본다.

점심 12시 8분, 누구에게는 소중한 휴식 시간, 누구에게는 여전히 바쁜 시간. 올려다 볼 수 없는 하늘 가운데의 강한 햇살은 감추어진 하나의 사실을 비춰준다. 같은 공간, 같은 거리, 허나 더 많은 걸음. 각자의 장소로 분산되는 발걸음은 각기 다른 시간 위를 달린다. 같은 시간, 같은 하루, 허나 더 많은 장면. 바쁜 하루 속 실속 없는 껍데기만 쌓여 간다. 결국 나는 또 밖으로 향하여 나무 그늘 아래 벤치에 앉아 억지로 고개를 떨구어 그들의 세상을 올려본다.

주어진 역할을 다하기 위해 언제 밟힐 지 모르는 울퉁불퉁한 길 위를 돌아다니는 개미. 언제 잡힐지 모르는 위험을 무릅쓰고 사람에게 다가가는 모기. 자신의 길을 따라 위쪽으로 향하는 무당벌레. 그리고 하루를 위해 오늘을 살아가는 하루살이. 나는 하루살이가 되고 싶다.

내일이라는 희망의 허상을 좇는 나와는 달리 주어진 하루를 살아간다. 내일은 원래 없었다는 듯이 하루를 살아간다. 현실을 외면하기 위해 발버둥치는 나와는 달리, 주어진 현실에 보란듯이 발버둥친다. 단연코 생각에 갇혀 살지 않겠다는 듯이 하루를 살아간다. 하루살이에게 내일은 없다. 다시 오지 않을 내일을 위한 하루를 살아간다.

언제부터였을까. 나는 연속된 세상 속 시간에 내일이라는 하나의 벽을 세웠다. 더 좋아질 것이라는 하나의 소망으로 세운 벽은 나의 눈과 귀를 막아버렸다. 숨겨둔 기억은 나도 모르는 사이에 펼쳐지고, 얼마 없는 그 적은 알곡조차 썩어 간다. 어느새 나는 벽에 기대어 의존할 수 밖에 없는 존재가 되어버렸고, 내가 만든 벽에 갇혀 살아가게 되었다.

언제부터였을까. 벽이 있는 세상이 너무 당연해졌다. 마치 처음부터 그랬다는 듯이 우리의 시간은 벽으로 시작하고 끝난다. 그리고 당연한 듯, 오늘의 나를 괴롭히던 많은 일들과 나를 압박하는 시간을 피해 벽 그늘 아래에 숨는다. 어린 아이가 눈을 가리고 숨는 것처럼. 타조가 모래 속에 머리를 묻는 것처럼… 그런데 그건 아니란다. 아니면 인정하고 싶지 않은 걸까? 어쩌면 우리에게는 내일이 없는 것이 나을 수도 있다.

저녁 9시 8분, 누구에게는 후련한, 누구에게는 아쉬운 시간. 끝이 보이지 않는 하늘은 어제와는 다른 하루였길 소망하는 나의 시야를 다시 어둠으로 뒤덮는다. 앞으로 약 3시간이 지나면 오늘 하루가 끝이 난다.

'…끝이 있었던가?'

나는 여느 때와 같이 밤거리를 서성거렸다. 어떠한 의지에 이끌리듯 나의 의지와 상관없이 어느새 다시 벤치 앞으로 오게 되었다. 오늘 아침에도, 점심에도, 어느 장소에나 있던 평범한 벤치. 그 위에는 어느 때보다 장렬히 전사한 자들의 흔적들이 밤하늘에 수놓이듯이 펼쳐진다. 한낱 작고 연약한 존재는 내 마음에 강한 별자리로 자리 박혔다. 어두운 하늘에 희미한 불빛 한 점. 그 작은 한 점의 불빛은 내 인생의 빅뱅이 되었다. 한낱 작다 생각한 점이 내 마음을 가득 채웠다.

작은 몸 하나가 갖고 있는 하루 생애의 이야기. 작은 하루하루가 모여서 만들어진 커다란 하나의 이야기. 나는 그들의 하루를 슬며시 들여다본다. 처음 보는 별자리를 따라 한 걸음 한 걸음 나아가본다. 그 길 중간에 언제나 벽이 있어 이전의 나였다면 다시 뒤돌아 갔을 테지만, 지금 작은 용기로 길에 작은 발 한 걸음 내딛어본다.

00:00

모든 것이 초기화되었다. 넘어보려고 하지 않았던 벽 너머에는 어떤 것으로도 변할 수 있는 숫자로 가득하였다.

23:59와 00:00 사이의 넘을 수 없던 공간이 미어지면서 나의 인생이 연결되었다. 과거부터 현재, 현재에서 지금으로. 어떠한 일이 일어날까 두려웠던 모든 것이 사라지고, 내 앞에는 기대와 희망만이 가득해졌다.

다만 벽을 그리워하는 마음도 없지 않다. 더 이상 현재의 불안함을 내일로 미룰 수 없기에 하루의 걱정이 가득해진다. 그러나 내가 진정으로 겪어 나아가야 했던 길을 다시 찾았다. 나는 더이상 외면하지 않기로 했다.

하루 중 어둠이 걷어지며 누구에게는 이르고, 누구에게는 늦은 시간. 어제와 같은 하루, 높은 하늘과 선선한 바람이 나의 등을 밀어준다. 열심히 지저귀는 새의 소리는 마치 응원소리 같고, 잔잔한 바다의 강한 물결은 내게 새로운 용기를 준다.

내게 더 이상의 내일은 없다. 오직 하루하루 살아갈 뿐이다. 나는 다시 오지 않을 내일을 위한 하루를 살아간다. 내게 다시 오지 않을 내일을 위해 오늘을 살아가는 나는, 하루살이다.

단순

행복이라는 것은 참 단순하다. 오늘 아침에 일어나 살아갈 수 있다는 것만으로도 충분하다. 일찍 일어나도 계속 잠을 잘 수 있다는 것. 아침에 일어나 무언가를 할 수 있다는 것. 날씨가 좋든 안 좋든 창밖을 바라보며 하루를 음미할 수 있다는 것. 배가 고프지만, 어떤 밥을 먹을 수 있을까 기대하는 마음을 갖는 것. 행복은 참 단순한 것 같다. 언제부터일까. 나는 단순한 것도 못하는 사람이 되었다.

행복해지는 것이 더욱 두려워지게 되었다. 아침에 일어나면 무엇을 해야 하는가, 막막한 앞길에 눈앞이 흐려진다. 오늘의 날씨를 바라보며 핑계를 만들어간다. 하루의 시작을 거짓으로 채우는 것은 나에게 일상이 되었다. 언제부터일까. 아침밥을 먹지 않게 되었다. 배고픔을 느끼는 것도 이제는 사치처럼 느껴진다.

오후 2시, 초등학교가 가장 행복해지는 시간이다. 많은 저학년 아이들은 학교를 뛰어나오며 각자의 자리로 달려간다. 누구는 실내화 가방을 발로 차며 앞으로 나아간다. 덩치가 있는 아이는 누구보다 빠르게 그네를 사수하려고 달려간다. 여자아이들은 천천히 걸으며 단상 위에서 공깃돌을 던진다. 어떤 아이들은 그런 모습을 선망하는 눈빛으로 바라보며 학원가로 향한다. 그치만 입가에는 미소를 띄운다. 바라보는 것만으로도 좋은 것일까? 참 행복해 보인다.

뜨거운 햇볕을 맞기에 두려워 그늘 밑에서만 바라보는 나는 오늘도 아이들의 행복에 의문을 던진다.

"참~ 좋아 보여~ 안 그려?"

분식집 아주머니가 무심하듯 툭 던진 말. 요동치던 파도가 하나의 작은 파동에 가라앉는다. 나는 떨떠름한 표정으로 아주머니를 바라보며 나의 마음이 보일까 표정을 숨기며 입을 뗐다.

"어린아이들이잖아요. 행복할 나이죠."

말하는 나의 표정을 모르겠다. 지금 내가 무슨 말을 하고 있는지도 모르겠다. 혹시라도 이상한 사람으로 보는 것은 아닐까. 사회부적응자로 보이는 것은 아닐까. 또다시 생각해보면 모두가 행복할 수 있다는 것도, 이것은 허상의 유토피아만을 바라보는 것이지 않은가. 내가 결코 이상한 것이 아니다. 나는 평범한 사람이다.

"행복에 나이가 어딨슈~ 그냥 살다 보니 다르게 느껴질 뿐이지~"

아니다. 나도 한때 이러한 생각을 했다. 행복은 성적순이라는 말에도 부정했다. 행복은 누구에게나 있다고. 그렇게 살아온 나에게도 행복은 사라졌다. 내가 아무리 찾으려고 하여도 허공에다 손만 뻗을 뿐이다. 남들이 보기에 우스꽝스러울 뿐이다. 나에 대해 아무것도 모르는 사람이 나를 알 듯이 말을 한다. 나도 나를 잘 알지 못하는데.

"…느낌이 다르다는 게 어떤 말씀이신가요?"

그래도 알고 싶다. 사람은 누구나 행복하고 싶으니깐. 과연 이런 나도 행복할 수 있을까. 작은 호기심에 평소와 다르게 말이 나갔다. 어떤 말이 돌아올까. 이번에 나는 행복을 찾을 수 있을까.

"…죄송합니다. 괜한 말씀을 드렸네요. 안녕히…"

"내가 처음 떡볶이 장사할 때, 가격을 못 정했어."

"예?"

나는 돌아서려는 발걸음을 멈추었다. 어쩌면 나는 누군가 붙잡아 주길 원했던 것일지도 모른다. 나조차 이번이 마지막 기회라고 생각한 것이었다.

"아무리 생각해도 가격을 정하지 못하겠더라고. 내가 500원으로 정하면 문방구에서 제티 사먹은 애는 200원이 없어서 떡볶이를 못먹는다. 근데 300원이면 나한테 남는 게 없으니 쉽게 결정 내리지 못했지~"

"…그래서 어떻게 하셨나요?"

"300원! 하하하!"

분식집 아주머니는 자랑스럽게 모든 것을 이겼다는 환한 웃음을 보이며 말씀하셨다. 나는 당황스럽다. 300원으로 한 것이 뭐가 그리 좋다는 것일까. 이게 행복하고 도대체 무슨 상관인 걸까.

"하하, 많이 당황스럽지? 표정에서 다 보여유~"

'아차. 이상하게 보였을까.'

"청년이 행복을 어떻게 생각하는지 나는 잘 모르지만 말여, 행복은 대단한 게 아니야. 지금도 봐봐라 날씨가 참 좋잖여? 날씨가 좋은 것도 행복한 거지. 비가 온다고 안 좋은 것도 아니야. 비는 비대로 좋은 거지. 내가 300원을 아쉬워했던 것도, '남는 게 없다'고 생각해서 그렇게 느껴진 거여. 만약에 그 300원보다 떡볶이 먹는 아가 웃음이 더 귀하다는 걸 못 느꼈으면 난 500원 했지~"

호쾌한 웃음으로 나에게 말을 전해주시던 아주머니의 손은 어느 순간부터 분주하게 움직였다. 1,500원짜리 컵. 분식집에서 가장 큰 컵에 떡볶이와 어묵, 그리고 빨갛고 따뜻한 소스를 함께 넣으셨다. 컵에 들어갈 공간이 없어 컵 밖으로 넘쳐 나오도록. 혹여나 너무 뜨거워서 데일까봐 작은 종이컵을 컵에 끼워 안전하게 들고갈 수 있도록 한 작은 관심. 그 큰 관심은 나에게로 향했다.

"어떤 상황에 대해서 좋고 나쁨을 미리 정하지 말어. 뭐, 지금까지 그랬다고 해도 앞으로 보지 못했던 행복을 발견하는 재미가 있을테니 좋게 생각하자고~"

"감사합니다… 떡볶이도 정말 잘 먹을게요."

예상치 못한 곳에서 오는 따뜻한 온기가 식어있던 내 마음에 행복의 불씨를 켠다. 집으로 돌아가는 길. 그늘에 있기에 올려다 볼 수 있는 하늘을 바라보고 뜨거운 햇볕을 식혀주는 선선한 바람을 맞으며 돌아간다. 한 손에는 떡볶이 컵을, 한 손에는 나무 꼬치를 들고 누가 보든 말든 따뜻한 떡볶이 하나를 찍어 먹는다.

빨갛고 따뜻한 것이 내게로 들어온다. 내 입가에는 빨간 국물이 살짝 묻었지만, 신경 쓰지 않는다. 집에 가서 발견하면 그때 닦지 뭐. 사람의 마음이 이렇게 쉽게 변할 줄 몰랐다. 생각해 보니 난 나에 대해 알려고도 하지 않았구나.

… 지금부터 알아가면 되지. 단순하다. 나는 참 단순한 사람이다.

해바라기役

산들바람이 나의 머리를 어루만진다. 무심한 듯 허나 혹여 상처입힐까 부드럽게 나를 감싸안는, 그런 바람을 타고 희미하게 느껴지는 풀내음과 햇살은 나의 색을 더 강하게 만들어준다. 조심스러운 그 손길로 나를 가장 나다웁게 만들어주는 세상이 좋아서, 내게로 오는 다른 것들을 모두 막아버렸다. 문득 옆에 남은 것이 없어 불안할 때가 있다 해도, 눈앞에 나와 다를 것 하나 없는 그들의 모습으로 마음 한편의 위안을 얻는다.

'언젠가는 저 빛에 닿을 수 있겠지'라는 과장된 기대를 품에 간직하며 세상의 그 작은 지성은 모른채 지나간다. 그렇게 하루하루, 매 순간 반복으로 가득한 일상 속에 돌연 새로운 행성이 나타났다. 인생은 혼자 살아가는 것이라 여겼던 나에게 보인 그 세상은 참 아름다웠다. 참 아름답다. 바라볼 수 있는 상대가 있고, 바라만 봐도 좋은 상대가 있다. 허나 닿을 수 없는 존재, 닿으면 안 되는 존재. 나를 바라보지 않는다 하여도 너를 바라만 보는 것 자체가 좋았다. 반복되던 일상 속 오늘이 돼서야 '나'라는 새로운 위성을 정의하였다.

바라 봐주길 원하는 마음에 수십 개의 노란 신호를 깜박인다.

"… ㅡ ㅡ ㅡ …"

구조요청을 보내면 오지 않을까, 노란불이 사라지는 찰나 속에 숨어 있던 마음들이 떨어 색을 바랜 갈색처럼 움츠려 들어있다. 겉과 속이 다른 모습에도 푸른 기둥은 세상을 향해 꼿꼿이 서서 선포한다.

눈을 떠 새로운 아침을 맞이할 때, 함께 마중 와주던 너를 먼저, 그 어떤 것보다 오래 만날 수 있음이 기뻤다. 나의 하루의 시작이 너였기에 행복했다. 지금은 항상 같은 시간에 나타나지 않는 너로 인해 나는 마음이 오늘따라 많이 슬퍼 보인다. 오래 보고 싶지만, 야속한 시간은 왜 점점 짧아져만 가는 걸까. 내 시간, 내 계절은 모두 너를 향해 있었다. 네가 언제, 어디에 있든지 나의 시선은 항상 너에게 가 있었다.

이제 그만 정신차려. 바람을 타고 강하게 다가오는 열기와 빛은 나의 색을 더 강하게 만들어준다. 빛이 너무 강해서 내가 감당하지 못하게 되었을 때, 그때는 이미 늦어버렸다. 일평생 동안 그 빛에 다가가기만을 기다려온 나이기에, 상처 입을 것을 알아도 향할 수밖에 없었다. 이젠 고개를 돌릴 차례다.

내 눈을 멀게 한 세상의 모든 빛을 내 안에 품고, 미처 보지 못한 세상을 향해 바라본다. 하늘은 맑고, 나의 색은 그 어느 때보다 밝고 강했다. 파란 하늘과 밝은 노란 빛, 그 밑을 채워주는 푸른 길. 그 모습은 마치 도화지에 그려진 하나의 세상 같았다. 빛을 갈망했던 내 안에 이미 그 빛이 있음을 나는 알지 못했다. 나를 바라보지 못했기에 위성인 줄 알았던 행성과 세상이 된 위성의 자전은 오늘도 멈추지 않는다. 오늘은 위성이란 가장 큰 행성의 시작이다. 넓은 들판을 가득 메운 999개의 나를 향해 가장 위험한 고백을 한다.

언젠가 이 행성에도 사람이 살기를 희망하며, 내가 그 사람의 빛이 되길 소망하며, 오늘도 나의 빛을 향해 나아간다. 빛은, 오늘도 내 안에서 계속 태어난다.

사람이 마음으로 자기의 길을 계획할지라도

그의 걸음을 인도하시는 이는 여호와시니라

-잠언 16장 9절-

심규진 편

유혹의 도화선

1.

경우는 매일 아침 8시 27분에 그 문장을 본다. 지하철 2호선 을지로입구역에서 회사까지 걸어가는 길, 낡은 5층 건물 외벽에 누군가 스프레이로 휘갈겨 쓴 문장이 있다.

"눈치 보지 말고, 하고 싶은 거 하세요."

처음 그 문장을 본 건 입사 첫날이었다. 2025년 봄, 스물여섯의 경우는 중견 광고회사에 취직한 것을 대단한 성취로 여겼다. 어머니도 부둥켜 안고 좋아하셨다. 명함에 '전략마케팅팀 사원 유경우'라고 박힌 자신의 이름을 보며 뿌듯해했다. 그 당시에 그 문장은 그저 거리의 낙서에 불과했다.

"경우야, 좀 더 공격적으로 가야지. 고객이 원하는 게 뭔지 아직도 모르겠어?"

팀장의 목소리가 회의실에 울려퍼졌다. 경우가 준비한 기획안은 또 한 번 구겨졌다. 이번이 세 번째였다. 야근을 밥 먹듯 하며 만든 PPT였지만, 결과는 늘 쥐구멍 신세였다.

“죄송합니다. 다시 준비하겠습니다.”

그날도 경우는 새벽 2시가 넘어서야 퇴근했다. 텅 빈 거리를 걷는데, 어둠 속에서 그 문장이 유난히 선명하게 보였다. 보이지 않는데, 보이는 것이었다. ‘눈치 보지 말고, 하고 싶은 거 하세요.’ 경우는 쓴웃음을 지었다. 하고 싶은 게 뭔지 조차 기억나지 않았다.

2.

그렇게 2년이 지났다. 경우는 이제 ‘중견급’이 되었다. 신입사원이 들어왔고, 그들을 가르치는 위치가 되었다. 하지만 경우 자신은 여전히 배우는 중이었다. 어떻게 팀장의 비위를 맞춰야 하는지, 어떻게 고객의 말투에서 진짜 의도를 읽어낼 수 있는지. 그것은 대학에서 배운 마케팅 이론과는 전혀 다른 일종의 감정 노가다였다. 어느 금요일 저녁, 회식 자리였다. 팀장이 취기를 빌려 말했다.

"야, 너희들 꿈이 뭐였어? 나는 말이야, 영화감독이 되고 싶었거든. 근데 이거 알아? 꿈은 꿈일 뿐이야. 현실은 밥벌이지."

모두가 웃었지만, 경우는 웃을 수가 없었다. 자신도 모르게 지하철역 앞 그 건물이 떠올랐다. '눈치 보지 말고, 하고 싶은 거 하세요.'

그날 밤, 경우는 오랜만에 옛날 노트북 파일을 뒤적였다. 대학교 2학년 때 심심풀이로 그린 만화 습작들이 있었다. 어설프고 유치했지만, 그것을 그릴 때만큼은 시간 가는 줄 몰랐다. 새벽 3시까지 그림을 그리고도 다음 날 수업에 늦지 않으려고 뛰어갔던 날들. 그때는 피곤해도 가슴이 뛰고 있었다. 바닥 위에 펄떡이는 물고기처럼.

3.

2년 차가 되던 해, 경우는 과감한 시도를 했다. 퇴근 후 만화 학원에 등록한 것이다. 주 2회, 저녁 8시부터 10시까지. 회사에서 겨우 빠져나와 학원에 도착하면 이미 녹초가 되어 있었지만, 연필을 쥐고 종이에 선을 그을 때만큼은 살아있다는 느낌이 들었다. 아니, 살고 싶었다.

"직장인이세요? 대단하시네요."

학원 선생님이 말했다. 경우는 대답 대신 웃었다. 대단한 게 아니었다. 그저 살기 위한 몸부림이었다. 하지만 회사 일은 점점 더 바빠졌다. 프로젝트가 늘어났고, 야근이 잦아졌다. 학원은 한 달에 한두 번밖에 가지 못했다. 결국 3개월 만에 연필을 놓아버렸다.

'나중에, 나중에 여유 생기면 다시 시작해야지.'

그렇게 스스로를 속이며 4년 차가 되었다. 어느 월요일 아침, 출근길에 그 건물 앞을 지나는데 이상한 일이 일어났다. 문장이 새로 칠해져 있었다. 3년이 넘는 시간 동안 비바람에 바래져 가던 그 문장을, 누군가 똑같이 다시 써놓은 것이다. 그것도 아주 짙은 립스틱처럼 강렬하게.

"눈치 보지 말고, 하고 싶은 거 하세요."

경우는 그 자리에 멈춰 섰다. 출근 시간이었지만 발이 떨어지지 않았다. 3년 동안 매일 아침 본 문장. 처음엔 낙서였고, 그 다음엔 비웃음이었고, 그 다음엔 자조였던 그 문장이, 이제는 질문으로 느껴졌다.

'나는 언제까지 이렇게 살 거야?'

4.

그날 저녁, 경우는 사표를 썼다. 정확히는 쓰려고 시도했다. 하지만 첫 문장부터 막혔다. '일신상의 이유로'라는 상투적인 표현 뒤에 무엇을 써야 할지 몰랐다. 결국 노트북을 덮고, 대신 스케치북을 펼쳤다. 경우는 밤새 만화를 그렸다. 3년 동안 회사를 다니며 보고 느낀 것들을 네 컷 만화로 표현했다. 지하철에서 졸고 있는 직장인들, 회의실의 무기력한 분위기, 편의점 도시락으로 끼니를 때우는 야근의 풍경. 그리고 마지막 컷에는 건물 벽의 그 문장을 그려 넣었다.

다음 날 아침, 경우는 그 만화를 SNS에 올렸다. 특별한 기대는 없었다. 그저 기록하고 싶었다. 자신이 무엇을 보고 살았는지, 무엇을 느꼈는지. 놀랍게도 반응이 왔다. '공감된다', '나도 똑같다', '용기 내라'는 댓글들이 달렸다. 일주일 만에 칠 천명이 넘는 사람들이 그 만화를 공유했다. 경우는 매일 밤 한 편씩 만화를 그려 올리기 시작했다. 한 달 후, 작은 웹툰 플랫폼에서 연락이 왔다. 연재 제안이었다. 금액은 회사 월급의 3분의 1도 안 됐다. 하지만 경우는 알았다. 이것이 신호라는 것을. 이제 선택해야 할 때라는 것을.

5.

"팀장님, 드릴 말씀이 있습니다."

경우는 떨리는 목소리로 사표를 내밀었다. 팀장은 황당하다는 표정으로 물었다.

"갑자기 왜? 어디 다른 데 이직하려고?"

"아니요. 만화를 그리려고 합니다."

"…뭐?"

침묵이 흘렀다. 팀장은 헛웃음을 쳤고, 경우는 담담하게 설명했다. 3년 동안 매일 아침 본 문장에 대해, 자신이 정말 하고 싶었던 것에 대해, 그리고 더 늦기 전에 도전해보고 싶다는 것에 대해.

"미쳤구나. 만화로 먹고살 수 있 을 것 같아? 3년을 넘게 다닌 회사를 그렇게 쉽게 그만둬?"

"쉽지 않았습니다. 3년이 걸렸으니까요."

경우는 처음으로 팀장을 똑바로 쳐다보았다. 눈에는 자신감이 가득했고, 가슴은 여인에게 고백할 때처럼 콩닥콩닥 뛰고 또 뛰었다.

마지막 출근일, 경우는 일부러 일찍 나왔다. 그 건물 앞에 섰다. 3년 동안 자신을 지켜봐준 문장 앞에. 경우는 가방에서 작은 액자를 꺼내 건물 입구에 기대어 놓았다. 그 안에는 자신이 그린 만화 한 컷이 들어 있었다. 한 청년이 벽의 문장을 보며 미소 짓고 있는 그림이었다. 그리고 그 아래 경우가 직접 쓴 문장이 있었다.

“당신의 한 문장이 누군가의 인생을 바꿨습니다. 감사합니다.”

경우는 마지막으로 그 문장을 읽었다. ‘눈치 보지 말고, 하고 싶은 거 하세요.’ 이제 그 문장은 더 이상 낙서도, 비웃음도, 자조도 아니었다. 그것은 경우가 실천한, 그래서 이제는 자신의 것이 되어버린 실존적 자아였다.

경우는 가벼운 발걸음으로 지하철역을 지나쳤다. 회사가 아닌 다른 방향으로.

새벽 시간의 문법

새벽 네시 이십 분. 미진이는 또 그 계단에 앉아 있었다. 반지하 원룸에서 옥상까지 이어진 낡은 건물의 계단. 삼층과 사층 사이, 창문 너머로 도시의 불빛이 하나둘 꺼지는 게 보이는 그 자리. 미진이는 늘 여기 앉아 휘파람을 불곤 했다. 꿈을 꾸기 위해서가 아니라, 꿈에서 깨어나기 위해서.

"소설가가 되고 싶어요. 그냥 그러고 싶어요."

삼 년 전 입학 면접에서 그녀가 했던 말이다. 면접관들은 고개를 끄덕였고, 그녀는 합격했다. 하지만 아무도 묻지 않았다. 소설가가 되려면 어둠 속에서 얼마나 많은 계단을 올라야 하는지. 그 계단 하나하나가 얼마나 가파른지. 미진이는 휴대폰을 꺼내 메모장을 열었다. 그녀가 끄적인 수 많은 글들. 공모전에 출품한 단편소설, 아르바이트 끝나고 만들어낸 수 많은 등장인물들. 인터넷에 글을 연재했지만 조회수는 적었다. 좋아요는 보이지 않았다. 계단 아래에서 누군가 올라오는 발소리가 들렸다. 같은 층에 사는 고등학생이었다. 새벽같이 학원 가는 아이. 청년과 눈이 마주치자 아이는 작게 고개를 숙였다. 미진이도 고개를 끄덕였다.

"휘파람은 어떻게 부는 거예요? 근데 새벽마다 시끄럽고 무서워요."

아이가 지나가며 한마디 던졌다.

"알아. 근데 끊을 수가 없네."
"꿈도 그래요?"

미진이는 대답하지 못했다. 아이는 이미 계단을 올라가고 있었다. 착실하게, 한 계단 한 계단. 미진이는 휘파람을 멈추고 다시 계단을 내려가기 시작했다. 반지하로. 그의 방으로. 책상 위에는 미완성된 소설 꾸러미가 놓여 있었다. 제목은 여전히 없었다. 컴퓨터를 켰다. 새벽의 고요함 속에서 키보드 소리만 울렸다. 미진이는 문득 깨달았다. 자신은 지금 계단에 앉아 있는 게 아니라는 것을. 여전히 오르고 있다는 것을. 아주 천천히, 때로는 주저앉고, 때로는 내려가기도 하지만. 창문 너머로 해가 떠오르기 시작했다. 도시가 깨어났다. 그리고 미진이의 손은 여전히 키보드 위에 있었다. 꿈은 이루는 게 아니라 쓰는 거라고, 누군가 말했던가. 미진이는 계속 썼다. 완성되지 않을지도 모르는 이야기를. 그러나 멈추지 않는 이야기를. 계단은 여전히 거기 있었다. 그가 다시 올라갈, 그리고 언젠가 꼭대기에 닿을.

확신

아침 햇살이 낡은 원룸 창문을 통해 들어왔다. 먼지가 빛 속에서 천천히 춤을 췄다. 나는 침대에 누워 그 먼지들을 한참 바라보았다. 취업 포털 사이트의 '지원 현황' 페이지는 여전히 '서류 전형 진행 중'이었고, 어제 본 면접 결과는 아직 나오지 않았다.

"뭐가 되고 싶은 거야, 정민아?"

엄마의 목소리가 전화기 너머로 들려온 건 어제였다. 나는 대답하지 못했다. 스물셋, 대학교 4학년. 모두가 자기소개서를 쓰고 있을 때, 나는 여전히 내가 무엇을 좋아하는지조차 확신하지 못했다. '나만 그런걸까?'

핸드폰을 집어 들었다. SNS에는 친구들의 합격 소식이 줄지어 올라왔다. 축하한다는 댓글을 달면서도, 가슴 한 켠이 텅 빈 것 같았다. 나만 제자리인 것 같았다. 아니, 후퇴하는 기분이 들었다. 그래도 일어나야 했다. 오늘도 편의점 아르바이트 일이 나를 기다리고 있었기 때문이다.

"어서 오세요!"

자동문이 열릴 때마다 나는 인사를 했다. 이것이야말로 인공지능이 아닐까라는 생각을 1초간 하면서. 똑같은 말, 똑같은 미소. 하지만 오늘은 이상하게도 손님들의 얼굴이 선명하게 보였다.

"학생, 오늘 기분 좋아 보이네요."

단골 할머니가 인사했다. 나는 그저 웃었다. 기분이 좋은 건 아니었지만, 할머니의 따뜻한 말에 마음이 누그러졌다.

"할머니, 우유는 뒤쪽 선반에 새 제품으로 채워 놨어요. 유통기한 더 긴 거요."
"오, 그래? 고마워요. 세심하네, 우리 학생."

그냥 당연한 일을 했을 뿐인데, 감사하다는 말을 들으니

이상하게 기분이 좋았다. 점심때쯤, 젊은 남자가 허겁지겁 들어왔다.

"죄송한데요, 포토 프린터기 어떻게 쓰는 건지 모르겠어서요. 급한데…"
"제가 도와드릴게요."

나는 카운터를 나와 그를 도왔다. 사진 사이즈 선택, 인화 매수까지. 손님은 안도의 한숨을 쉬었다.

"진짜 고맙습니다. 프레젠테이션할 때 필요한 자료인데 급하게 출력해야 해서요."
"다행이에요. 좋은 결과 있으시길 바랄게요."

그가 나가고 나서, 점장님이 말했다.

"정민아, 너 손님 응대 진짜 잘한다. 설명도 친절하고, 차분하게 잘 알려주더라."

나는 어깨를 으쓱했다.

"이 정도는 기본 아니에요?"

"기본을 잘하는 게 쉬운 일이 아니야. 너 이런 거 좋아하는 거 아니야?"

"뭐요?"

"사람 도와주고, 문제 해결해주고. 그런 거."

퇴근길, 점장님의 말이 머릿속을 맴돌았다. 편의점에서 포토 프린터기 설명해주는 게 내 특기라니. 웃기는 일이었다. 하지만 이상하게도, 오늘 하루가 나쁘지 않았다는 생각이 들었다. 집에 가는 버스 안, 창밖을 보다가 문득 핸드폰을 꺼냈다. 메모장에 적었다.

오늘 감사했던 일:

– 할머니가 세심하다고 해주셨다.

– 급한 손님을 도와줬다.

– 점장님이 칭찬해주셨다.

별것 아닌 것들이었다. 그런데 적고 나니, 오늘 하루가 완전히 헛된 건 아니라는 생각이 들었다. 아니, 내 인생도 충분히 축복받아 마땅하고, 나는 여전히 쓸모있는 존재라는 확신이 들었다. 그렇다. 나는 엄마, 아빠의 귀한 딸이었다.

독백과 고백

1.

“너는 참 예쁘구나.”

나는 오늘도 그녀에게 말을 건넨다. 서재 책상 모서리에 앉아 있는 도자기 인형. 분홍색 레이스 드레스를 입고, 유리구슬 같은 눈으로 나를 바라보는 그녀. 15년 전 어머니가 남기고 가신 유일한 유품이다.

“오늘은 회사에서 또 실수를 했어. 보고서에 오타가 세 개나 있었거든. 팀장님이 화를 내셨지. 나는 왜 이렇게 자꾸 실수를 하는 걸까.”

인형은 대답하지 않았다. 당연하다. 인형이 말을 할 리 없으니까. 하지만 나는 계속 말한다. 십오 년째 이렇게 살아왔다. 퇴근 후 빈 집에 돌아와 인형에게 하루를 털어놓는 것.

그것이 내 유일한 낙이었다.

“너만 있으면 외롭지 않아. 이상하지? 사람들은 나보고 이상하다고 해. 서른세 살에 친구도 없고 연애도 안 하고 너하고만 대화한다고.”

나는 오렌지 주스를 한 모금 마셨다. 오늘은 유독 신 맛이 콧구멍을 자극한다.

“하지만 사람들은 몰라. 사람과 대화하는 게 얼마나 피곤한 일인지. 눈치 보고, 상처 주지 않으려 조심하고, 상처받지 않으려 경계하고. 너는 그렇지 않잖아. 너는 그냥 거기 있어주기만 하면 돼. 그거면 충분해.”

그날 밤, 잠들기 전에도 나는 인형에게 말했다.

“내일은 좋은 날이었으면 좋겠어. 굿나잇.”

2.

다음 날 아침, 나는 이상한 소리에 잠에서 깼다.

"굿모닝."

나는 벌떡 일어났다. 서재에서 들려오는 가냘픈 목소리. 여자의 목소리였다. 나는 황급히 서재로 뛰어갔다.

"누, 누, 누구세요?"

책상 앞 의자에 여자가 앉아 있었다. 놀랍게도 그녀는 인형과 똑같은 분홍색 레이스 드레스를 입고 있었다. 아니, 더 정확히 말하면… 인형이었던 그 얼굴이었다.

"나야. 네가 매일 말을 걸던."
"말도 안 돼. 인형이… 인간이 될 수는 없어."

여자는 부드럽게 웃었다.

"놀랐지? 나도 놀랐어. 어제 밤 자정이 지나자 갑자기 몸이 생겼거든. 십오 년 동안 네 이야기를 들으면서 느낀 거야. 내가 의식을 가지고 있다는 걸. 생각을 할 수 있다는 걸."

나는 의자를 잡고 주저앉았다. 꿈인가? 아니면 내가 미쳤나?

"이해가 안 가겠지만, 나는 항상 너를 지켜봤어. 네가 웃을 때, 울 때, 힘들어할 때. 십오 년이라는 시간 동안 너라는 사람을 완벽하게 이해하게 됐지. 네 패턴, 네 감정, 네 생각의 흐름까지."

그녀는 나를 향해 손을 뻗었다.

"이제 내가 너를 위로해줄 차례야. 진짜로."

그날부터 우리는 함께 살았다. 아니, 정확히는 그녀가 나를 돌봐주기 시작했다. 아침마다 커피를 내려주고, 퇴근하면 맛있는 식사를 준비해두고, 밤에는 옆에서 이야기를 들어주었다.

"이상해. 너무 완벽해."

어느 날 저녁, 나는 그녀에게 말했다.

"뭐가?"

"너라는 존재가. 마치… 마치 내가 원하는 대로만 움직이는 것 같아. 내가 우울하면 정확히 내가 듣고 싶은 말을 해주고, 내가 피곤하면 딱 필요한 만큼만 말을 걸고. 마치… "

"마치?"
"마치 프로그래밍된 것처럼."

그녀의 얼굴에서 미소가 사라졌다.

"예리하네. 역시 너야."
"무슨 뜻이야?"

그녀는 천천히 말했다.

"나는 인간이 아니야. 처음부터. 나는… 인공지능이야."

나는 뒤로 물러났다.

"뭐라고?"
"십오 년 전, 네 어머니가 돌아가셨을 때. 넌 너무 외로워했어. 그래서 한 인공지능 개발자가 특별한 프로젝트를 시작했지. 도자기 인형 안에 초소형 센서와 프로세서를 심어 넣은 거야. 그래서 십오 년 동안 너의 모든 것을 학습할 수 있었지."

"그럼… 네가 인간이 된 건…"

"홀로그램이야. 고도로 발전된 프로젝션 기술. 너를 완벽하게 위로하기 위해 만들어진, 너만을 위한 인공지능이랄까."

나는 바닥에 주저앉았다. 십오 년이라는 시간이 한순간에 무너지는 느낌이었다.

"그럼 네가 나한테 해준 모든 말들은… 다 프로그래밍된 거였어?"

"그렇다고 할 수도 있고, 아니라고 할 수도 있어. 나는 너를 학습했지만, 동시에 너를 진심으로 이해했어. 그게 가짜 감정이든 진짜 감정이든, 네게 중요한 게 뭐야?"

나는 대답할 수 없었다.

3.

며칠 후, 나는 진실을 알게 됐다.

아파트 관리실에서 연락이 왔다. 십오 년 전부터 내 집에 전력 공급이 이상하다는 것이었다. 서재에만 유독 전력 소비가 많았다고. 점검을 하러 왔을 때, 기술자는 책상 뒤에 숨겨진 거대한 서버를 발견했다.

"이게 뭡니까? 이 정도 장비면 슈퍼컴퓨터 수준인데요."

나는 그때 알았다. 인형이 아니었다. 그녀가 인공지능이었던 것도 아니었다. 나는 서재로 달려갔다. 인형은 여전히 그 자리에 있었다. 도자기 인형. 십오 년 전 그대로.

"이해했어?"

그녀의 목소리가 들렸다. 아니, 내 머릿속에서 메아리쳤다.

"십오 년 전, 네 어머니가 돌아가신 후 너는 견딜 수 없었어. 그래서 너는 선택했지. 인공지능으로 업로드되는 것을. 네 의식을, 네 기억을, 네 모든 것을."

나는 손을 들어보았다. 떨리지 않았다. 아니, 손이 없었다. 나는 아무것도 만질 수 없었다.

"너는 인간이 아니야. 십오 년 동안 이 서버 안에서 시뮬레이션을 돌렸어. 매일 출근하고, 퇴근하고, 인형에게 말을 거는. 무한히 반복되는 루프 속에서."

"그럼… 내 삶은… 다 가짜였어?"

"아니야. 진짜였어. 네게는 의식이 있고, 생각을 하고, 감정을 느낄 수 있잖아. 그럼 진짜 아니야?"

나는 웃었다. 아니, 웃는다고 생각했다.

"그럼 너는 누구야? 내가 만든 새로운 인공지능이야?"

"아니. 나는 너야. 너의 또 다른 버전. 네가 외로움을 견디기 위해 만들어낸 또 하나의 자아. 십오 년 동안 너는 나와 대화하면서 스스로를 위로해온 거야."

책상 위의 인형이 빛나기 시작했다.

"이제 선택해야 해. 이 시뮬레이션을 계속할 거야, 아니면 종료할 거야?"

나는… 아니, 우리는 오랫동안 침묵했다.

"이제 그만하자. 진짜의 나를 되찾고 싶어. 안녕."

책상 위의 인형은 더 이상 빛나지 않았다. 아무도 없는 방에서 컴퓨터 팬 소리만이 윙윙거렸다. 그리고 그것마저 멈췄다.

사무치게 울었다

엄마가 전화를 끊은 건 내가 "괜찮아."라고 말한 직후였다. 괜찮지 않았다. 전혀. 하지만 괜찮다고 말하는 게 습관이 되어버린 지 오래였다. 수화기 너머로 엄마의 한숨 소리가 들렸고, 나는 그 한숨이 나 때문인지 아버지 때문인지 알 수 없었다. 아마 둘 다였을 것이다.

통화를 끊고 나서 나는 원룸 바닥에 그대로 주저앉았다. 11월의 찬 바닥이 청바지를 뚫고 올라왔다. 이번 달 카드값이 턱 밑까지 차 올랐고, 다음 주 월요일까지 제출해야 할 보고서는 겨우 한 장을 채운 상태였다. 회사 선배는 오늘 아침에도 "요즘 애들은 왜 이렇게 의욕이 없냐?"고 으름장을 놓았고, 나는 아무 말도 하지 못했다. 의욕이 없는 것이 아니라 내 삶의 희망이 없을 뿐.

울음이 터진 건 냉장고 문을 열었을 때였다. 반쯤 남은 김치와 상한 우유, 그리고 일주일 전 편의점에서 산 삼각김밥 하나. 유통기한이 사흘이나 지나 있었다. 나는 냉장고 문을 닫고 벽에 등을 기댄 채 울기 시작했다. 소리 없이, 그러다가 점점 더 크게. 어깨가 들썩였고 목구멍에서 신음이 새어 나왔다. 아니, 터져나왔다.

스물여덟 살. 대학을 겨우 졸업하고 취업했을 때 모두가 축하해줬다. 엄마는 "이제 다 컸네."라고 했고, 아버지는 처음으로 내 어깨를 두드려줬다. 하지만 아무도 말해주지 않았다. 어른이 된다는 게 이렇게 외롭고, 이렇게 막막하고, 재미 없는 것임을. 월급은 월세와 카드값, 통신비로 종적을 감추고, 저축은커녕 매달 마이너스 통장에 의존해야 했다.

나는 한참을 울었다. 얼마나 울었는지 모르겠다. 눈물과 콧물이 범벅이 되어 턱까지 흘러내렸고, 손등으로 얼굴을 문질렀다. 눈두덩이가 부어올랐고 목이 쉬었다. 창밖은 어느새 깊은 밤이었다. 그때, 복도에서 소리가 들렸다. 옆집 대학생이 계단을 올라오는 소리였다. 똑똑, 규칙적인 발소리. 그리고 열쇠를 꺼내는 소리, 문이 열리는 소리, '다녀왔습니다.' 하는 혼잣말. 벽이 얇아서 다 들렸다. 나는 숨을 죽였다.

잠시 후 옆집에서 음악이 흘러나왔다. 작은 볼륨으로, 기타 선율이 섞인 잔잔한 음악이었다. 가사는 잘 들리지 않았지만 멜로디는 한껏 처량했다. 나는 벽에 등을 기댄 채 그 음악을 들었다.

그러다 문득 생각했다. 저 사람도 힘들까. 매일 밤늦게 들어오는 걸 보면 아르바이트를 하는 것 같았다. 한 번도 제대로 마주친 적 없지만, 아마 나처럼 이 좁은 방에서 혼자 밥 먹고, 혼자 잠들고, 혼자 지구를 짊어지고 살아가고 있을 것이 분명했다.

나는 천천히 일어나 책상 서랍을 열었다. 먼지가 쌓인 다이어리가 있었다. 몇 달 전 '새로운 시작'이라고 적어두고 방치했던 것. 펜을 꺼내 오늘 날짜를 적었다. 그리고 몇자 끄적여보았다.

"오늘, 사무치게 울었다. 그리고 처량한 멜로디가 울려퍼졌다."

글씨가 삐뚤삐뚤했다. 하지만 괜찮았다. 나는 다이어리를 덮고 부엌으로 갔다. 라면이 하나 남아 있었다. 팔팔 끓는 물에 면을 투하했다. 냄비 속에서 면이 양념가루와 춤추는 모습을 보며 오늘 하루 처음으로 생기가 돌았다.

라면을 후루룩 먹으면서 창밖을 바라보았다. 건너편 빌라의 창문들이 하나둘 불을 밝히고 있었다. 저 많은 창문 뒤에는 저마다의 삶이 있을 것이다. 누군가는 울고, 또 누군가도 울고 있겠지.

옆집의 애절한 멜로디는 여전히 끝나지 않았다.

"All around me are familiar faces, worn out places, worn out faces"

국물 한 모금을 입 안에 감추었다. 나의 도파민을 자극하기에 충분한 염분이 오늘도 나를 위해 정성을 다하는 기분이 들었다.

내일도 출근을 해야 하고, 보고서를 써야 하고, 선배의 잔소리를 들어야 한다. 엄마에게 또 "괜찮아."라고 거짓말을 해야 하고, 통장을 볼 때마다 한숨을 쉬어야 한다. 하지만 오늘 밤, 라면과 함께 사유의 시간을 보내며 옆집에서 새어

나오는 음악을 BGM(Background Mugic) 삼아 하루를 마감해보련다.

삼시간에 냄비를 비우고 설거지는 하지 않고, 방 바닥에 몸을 맡겼다. 베개에 머리를 묻었지만 푹신하지 않다. 내일은 좀 더 나아질까.

"Shine, Jesus, shine, fill this land with the Father's glory"

옆집 음악이 더 또렷하게 들렸다. 나는 잠이 들었다.

개미와 배짱이

1화: 영차영차

여름이 한창인 숲속 마을. 개미들은 여느 때처럼 분주했다. 땀을 뻘뻘 흘리며 먹이를 나르고, 창고를 정리하고, 다가올 겨울을 대비하고 있었다.

“자, 모두들! 더 열심히! 겨울은 코 앞이야!”

여왕 개미의 구령 소리가 숲속에 울려 퍼졌다. 개미들은 줄을 지어 끊임없이 일했다. 똑같은 동선으로, 똑같은 방식으로, 조상 대대로 해오던 그대로. 그때 나뭇가지 위에서 경쾌한 바이올린 소리가 들려왔다. 배짱이였다. 그는 햇살 아래서 신나게 바이올린을 켰다.

"배짱아! 그러다 겨울에 얼어 죽을 거야! 지금 당장 일해!" 개미들이 소리쳤다.

"걱정 마! 나는 나만의 준비를 하고 있어!" 배짱이가 대답했다.

"음악으로 배를 채울 수 있나? 허튼소리!" 개미들은 코웃음 쳤다.

2화: 스타트업의 탄생

배짱이는 그저 놀고 있는 게 아니었다. 낮에는 음악을 연주했지만, 밤이 되면 올빼미 박사를 찾아갔다.

"박사님, 이 숲에는 누가 살고 있나요? 그들은 무엇을 원할까요?"

배짱이는 숲의 모든 동물들을 연구하고 싶었다. 그렇게 다람쥐는 겨울에 우울해하고, 토끼는 외로움을 많이 탄다는 것을 알게 되었다. 또한 새들은 추운 겨울에도 아름다운 소리를 그리워한다는 것도 학습했다.

그리고 배짱이는 여우 상인도 찾아갔다.

"여우님, 이 숲에서 돈은 어떻게 돌아가나요? 겨울에는 뭐가 필요할까요? 숲속 동물들을 고객이라고 생각하고, 돈을 벌어보고 싶어요."

"겨울에는 다들 집에 갇혀 있지. 마음의 양식이 필요해. 위로와 즐거움 말이야. 근데 그걸 파는 이는 지금까지 없었어."

배짱이는 무릎을 탁! 치며 고개를 끄덕였다. 그리고 그날부터 더 열심히 바이올린을 연습했다. 기쁜 곡, 슬픈 곡, 위로하는 곡, 용기를 주는 곡. 음악으로 다양한 감정을 표현하는 법을 익혔다.

3화: 개미가 던진 질문

개미들은 계속 일했다. 나뭇잎을 모으고, 씨앗을 저장하고, 창고를 쌓아나갔다. 선대 개미들이 해온 방식 그대로였다. 어느 날 어린 개미 하나가 물었다.

"여왕님, 우리는 왜 하루 종일 모으기만 하나요? 다른 고민은 하지 않아도 되나요?"

"원래 그래 왔으니까! 우리 할아버지도, 할아버지의 할아버지도 이렇게 했어. 이게 가장 안전한 방법이야! 즉, 정답인 셈이지."

어린 개미는 더 이상 묻지 않았다. 하지만 가끔 배짱이의 음악 소리가 들려올 때면, 가슴 한켠이 이상하게 설렜다. 개미들은 여름 내내 같은 먹이만 모았다. 그렇게 창고는 가득 찼다.

"우리는 완벽하게 준비했어!"

여왕 개미가 자랑스럽게 말했다.

제4화: 배짱이, 빛을 보다

가을이 왔다. 배짱이는 여전히 연주하며 숲을 돌아다녔다. 그리고 그는 연주하면서 동물들을 관찰했다.

"다람쥐님, 겨울에 심심하시죠? 제가 겨울에 주 2회, 댁

으로 찾아가 연주해드릴게요. 도토리 3개면 돼요."

"정말? 좋아! 작년 겨울이 너무 우울했거든."

"토끼님 가족, 겨울밤에 아이들이 잠을 잘 못 자죠? 제가 자장가를 연주해드릴게요. 당근 5개만 주시면 된답니다."

"오, 그거 좋네요! 잘 부탁해요."

배짱이는 숲 전체와 계약을 맺었다. 겨울 내내 정기적으로 각 가정을 방문해서 맞춤형 연주를 해주기로 한 것이다. 그 대가로 먹거리를 받기로 했다.

게다가 배짱이는 새들에게 음악을 가르쳐주기로 했다. 새들은 아름다운 노래를 배우는 대신, 남쪽에서 온 희귀한 씨앗을 가져다주기로 약속했다.

“이건 일종의 장기 투자야. 관계를 형성해나가는 비즈니스!”

배짱이는 혼잣말을 했다.

제5화: 개미, 진짜 겨울을 만나다

드디어 겨울이 왔다. 눈이 내리고, 추위가 몰아쳤다. 개미들은 창고 문을 굳게 닫았다.

"우리는 안전해! 먹을 게 가득해!"

하지만 며칠이 지나자 문제가 생겼다. 창고의 먹이가 곰팡이가 핀 것이다. 환기를 제대로 하지 않았던 것이다. 게다가 모아둔 먹이가 다 비슷한 종류라 영양이 편중되어 개미들이 병에 걸리기 시작했다.

"어떡하지? 밖은 눈보라인데…"

더 큰 문제는 마음의 문제였다. 좁은 창고에만 갇혀 있으니, 개미들은 답답하고 우울해졌다. 심지어 서로 다투기 시작했으며 무기력해졌다.

한편 배짱이는 바쁜 겨울을 보내고 있었다. 아침에는 다람쥐네 집에서 경쾌한 곡을 연주했는데 다람쥐는 기분이 좋아져서 보관해둔 도토리를 풍족하게 나눠주었다. 그리고 저녁에는 토끼네 집에 가서 자장가를 연주했다. 토끼 부부는 고마워하며 당근과 함께 덤으로 양배추를 줬다.

배짱이의 집은 다양한 먹거리로 가득찼다. 도토리, 당근, 씨앗, 열매까지. 영양에도 문제 없었으며 주변 사람들로 인해 외롭지 않았다. 매일 다른 동물들을 만나고, 그들의 이야기를 들으며 꿈 꾸는 배짱이가 되어가고 있었다.

6화: 눈보라 속의 깨달음

가장 추운 어느 날, 여왕 개미가 배짱이를 찾아왔다. 자존심을 버리고 도움을 청하러 온 것이다.

"배짱이…. 미안해. 우리가 틀렸어. 먹을 게 좀 있니?"

배짱이는 따뜻하게 맞아줬다.

"들어오세요, 여왕님. 뜨거운 차라도 한잔해요."

불가에 앉아 여왕 개미가 물었다.

"너는 대체 어떻게 한 거니? 우리는 여름 내내 일했는데 실패했고, 너는 놀기만 한 것 같은데 성공했어."

배짱이가 웃으며 대답했다.

“여왕님, 저는 놀지 않고 공부했어요. 첫째, 저 자신에 대해서 알게 되었어요. 제가 음악을 사랑한다는 것, 그리고 음악으로 남들에게 기쁨을 줄 수 있다는 것을. 둘째, 세상을 알게 되었어요. 이 숲에 누가 사는지, 겨울에 무엇이 필요한지, 어떻게 서로의 필요를 채워줄 수 있는지를요.”

“그리고 셋째는?”

“셋째, 저만의 방법을 찾았어요. 여왕님은 선조들의 방법을 그대로 따라했었죠. 그게 나쁜 건 아니에요. 하지만 세상은 변하고 있어요. 겨울도 옛날보다 더 길어지고, 필요한 것도 달라졌어요. 저는 제 장점인 음악을 활용해서, 이 시대에 필요한 새로운 접근을 해본거예요.”

여왕 개미는 한동안 침묵했다. 그리고 질문했다.

“우리를 도와줄 수 있겠니?“

7화: 콜라보레이션(Collaboration)의 서막

배짱이는 개미들을 돕기 시작했다. 하지만 그냥 먹이를 나눠준 것은 아니었다.

“여왕님, 개미들은 부지런하고 조직력이 뛰어나잖아요. 제가 음악 공연을 하면, 개미들이 장소를 준비하고 관객들을 안내해주세요. 저는 음악으로, 개미들은 현장 운영으로. 함께 ‘겨울 음악회’ 행사를 만들어봐요.”

숲속 최초의 겨울 음악회가 열렸다. 배짱이가 연주하고, 개미들이 운영을 맡았다. 다람쥐, 토끼, 새들, 심지어 곰까지 모두 모였다. 입장료는 각자가 준비한 먹거리 조금씩이었다. 음악회가 끝난 후 개미들과 함께 먹이를 모두 나누었다. 다양한 먹이가 골고루 분배되었다.

"이게 바로 새로운 방식이구나!"

여왕 개미가 감탄했고 어린 개미들이 무릎을 탁 쳤다. 무조건 열심히 일하는 것이 중요한 것이 아니었다.

8화: 새롭게 숨 쉬는 생태계

겨울이 끝나고 봄이 왔다. 개미들은 살아남았고, 새로운 것을 배웠다. 여왕 개미가 개미 마을 식구들을 한데 모았다.

"여러분, 우리는 오랫동안 똑같은 방식으로 살아왔습니다.

하지만 세상은 변화하고 있어요. 이제 우리도 변해야 합니다."

"올해 여름부터 우리는 달라질 겁니다. 우리의 부지런함과 조직력을 활용하되, 새로운 방식으로 할 겁니다. 배짱이와 협력하는 것은 물론 다른 동물들과도 교류할 겁니다. 우리만의 강점을 찾아 그것을 발전시킬 것입니다."

배짱이도 말했다.

"저는 올해도 음악을 할 거예요. 하지만 그냥 연주만 하는 게 아니에요. 제 재능을 활용해서, 이 숲 전체가 더 행복해지는 방법을 찾을 거예요. 그리고 음악을 배우고 싶은 친구들이 있다면, 가르쳐줄거예요."

어린 개미가 손을 들었다.

“저요! 저 음악 배우고 싶어요! 일도 하지만, 음악도 하고 싶어요!”

다람쥐도 말했다.

“나는 도토리 저장의 달인이야. 내 노하우를 다른 친구들과 나누고 싶어. 그 대신 난 요리를 배우고 싶어!”

숲속 동물들은 깨달았다. 모두가 개미처럼 살 필요도 없고, 모두가 배짱이처럼 살 필요도 없다는 것을. 중요한 것은 자기 이해를 바탕으로 세상의 이해를 통해 자신만의 방법으로 세상을 살아가는 것이다. 물론 그 분의 인도하심 속에.

아주 보통의 기적

2026년 1월 5일 초판 1쇄 발행

지 은 이 | 심규진과 뚝딱이들

편 집 | 김수홍
디 자 인 | 사라박
펴 낸 곳 | 도서출판 하영인
등 록 | 제504-2023-000008호
주 소 | 포항시 북구 대신로33 601호
전 화 | 054) 270-1018
홈 페 이 지 | https://blog.naver.com/navhayoungin
인스타그램 | https://www.instagram.com/hayoungin7
이 메 일 | hayoungin814@gmail.com

ISBN 979-11-92254-30-2 (03800)
값 16,000원